독송본 한문 · 한글역

대방광불화엄경 제14권
大方廣佛華嚴經 卷第十四

11. 정행품
淨行品 第十一

12. 현수품 [1]
賢首品 第十二之一

실차난타 한역
수미해주 한글역

14

대방광불화엄경 제14권 변상도

대방광불화엄경

제14권

11. 정행품

如是我聞一時
提場中始成正
資輪及眾寶華
海無邊顯現魔
眾寶羅網妙香
現目在雨無蕭
行列枝葉光茂
嚴於中影現其
珊瑚為幹眾雜
蓉如雲寶華雜
其界含輝發燄
明於光明中雨

대방광불화엄경 권제십사
大方廣佛華嚴經　卷第十四

정행품　제십일
淨行品　第十一

이시　지수보살　문문수사리보살언
爾時에 智首菩薩이 問文殊師利菩薩言하시니라

불자　보살　운하득무과실신어의업　　운
佛子야 菩薩이 云何得無過失身語意業이며 云

하득불해신어의업　　운하득불가훼신어의
何得不害身語意業이며 云何得不可毀身語意

대방광불화엄경 제14권

11. 정행품

그때에 지수 보살이 문수사리 보살에게 물어 말씀하였다.

"불자여, 보살이 어떻게 허물이 없는 몸과 말과 뜻의 업을 얻으며, 어떻게 해롭히지 않는 몸과 말과 뜻의 업을 얻으며, 어떻게 훼손할 수 없

업　　운하득불가괴신어의업　　운하득불퇴
業이며 云何得不可壞身語意業이며 云何得不退

전신어의업
轉身語意業이니잇고

운하득불가동신어의업　　운하득수승신어
云何得不可動身語意業이며 云何得殊勝身語

의업　　운하득청정신어의업　　운하득무
意業이며 云何得淸淨身語意業이며 云何得無

염신어의업　　운하득지위선도신어의업
染身語意業이며 云何得智爲先導身語意業이니잇고

운하득생처구족　종족구족　가구족　색구
云何得生處具足과 種族具足과 家具足과 色具

족　상구족　염구족　혜구족　행구족　무
足과 相具足과 念具足과 慧具足과 行具足과 無

는 몸과 말과 뜻의 업을 얻으며, 어떻게 깨뜨릴 수 없는 몸과 말과 뜻의 업을 얻으며, 어떻게 물러나지 않는 몸과 말과 뜻의 업을 얻습니까?

어떻게 움직이지 않는 몸과 말과 뜻의 업을 얻으며, 어떻게 수승한 몸과 말과 뜻의 업을 얻으며, 어떻게 청정한 몸과 말과 뜻의 업을 얻으며, 어떻게 물듦이 없는 몸과 말과 뜻의 업을 얻으며, 어떻게 지혜가 선도하는 몸과 말과 뜻의 업을 얻습니까?

어떻게 태어나는 곳의 구족과 종족의 구족과 가문의 구족과 색의 구족과 모양의 구족과

외구족　　각오구족
畏具足과 **覺悟具足**이니잇고

운하득승혜　　제일혜　　최상혜　　최승혜　　무
云何得勝慧와 **第一慧**와 **最上慧**와 **最勝慧**와 **無**

량혜　　무수혜　　부사의혜　　무여등혜　　불가
量慧와 **無數慧**와 **不思議慧**와 **無與等慧**와 **不可**

량혜　　불가설혜
量慧와 **不可說慧**이니잇고

운하득인력　　욕력　　방편력　　연력　　소연
云何得因力과 **欲力**과 **方便力**과 **緣力**과 **所緣**

력　　근력　　관찰력　　사마타력　　비발사나
力과 **根力**과 **觀察力**과 **奢摩他力**과 **毗鉢舍那**

생각의 구족과 지혜의 구족과 행의 구족과 두

려움 없음의 구족과 깨달음의 구족을 얻습니

까?

어떻게 수승한 지혜와 제일의 지혜와 최상의

지혜와 가장 수승한 지혜와 한량없는 지혜와

수없는 지혜와 부사의한 지혜와 더불어 같음

이 없는 지혜와 헤아릴 수 없는 지혜와 말할

수 없는 지혜를 얻습니까?

어떻게 인의 힘과 욕망의 힘과 방편의 힘과

연의 힘과 반연하는 바의 힘과 근의 힘과 관

력　　사유력
力과 **思惟力**이니잇고

운하득온선교　　계선교　　처선교　　연기선
云何得蘊善巧와 **界善巧**와 **處善巧**와 **緣起善**

교　욕계선교　　색계선교　　무색계선교　　과
巧와 **欲界善巧**와 **色界善巧**와 **無色界善巧**와 **過**

거선교　　미래선교　　현재선교
去善巧와 **未來善巧**와 **現在善巧**이니잇고

운하선수습염각분　　택법각분　　정진각분
云何善修習念覺分과 **擇法覺分**과 **精進覺分**과

희각분　　의각분　　정각분　　사각분　　공무상
喜覺分과 **猗覺分**과 **定覺分**과 **捨覺分**과 **空無相**

찰의 힘과 사마타의 힘과 비발사나의 힘과 사
유의 힘을 얻습니까?

어떻게 온의 선교와 계의 선교와 처의 선교
와 연기의 선교와 욕계의 선교와 색계의 선교
와 무색계의 선교와 과거의 선교와 미래의 선
교와 현재의 선교를 얻습니까?

어떻게 알아차리는 깨달음의 분과, 법을 간
택하는 깨달음의 분과, 정진하는 깨달음의 분
과, 기뻐하는 깨달음의 분과, 홀가분한 깨달음
의 분과, 집중하는 깨달음의 분과, 버리는 깨

무원
無願이니잇고

운하득원만단바라밀　시바라밀　찬제바
云何得圓滿檀波羅蜜과 **尸波羅蜜**과 **羼提波**

라밀　비리야바라밀　선나바라밀　반야
羅蜜과 **毗梨耶波羅蜜**과 **禪那波羅蜜**과 **般若**

바라밀　급이원만자비희사
波羅蜜과 **及以圓滿慈悲喜捨**이니잇고

운하득처비처지력　과미현재업보지력
云何得處非處智力과 **過未現在業報智力**과

근승렬지력　종종계지력　종종해지력
根勝劣智力과 **種種界智力**과 **種種解智力**과

달음의 분과, 공하고 모양이 없고 원이 없음을 잘 닦아 익힙니까?

어떻게 원만한 보시바라밀과 지계바라밀과 인욕바라밀과 정진바라밀과 선정바라밀과 지혜바라밀과 그리고 원만한 자비희사를 얻습니까?

어떻게 옳은 도리와 그른 도리를 아는 지혜의 힘과, 과거 미래 현재의 업과 과보를 아는 지혜의 힘과, 근의 수승하고 하열함을 아는 지혜의 힘과, 갖가지 경계를 아는 지혜의 힘과,

일체지처도지력   선해탈삼매염정지력
一切至處道智力과 禪解脫三昧染淨智力과

숙주념지력   무장애천안지력   단제습지
宿住念智力과 無障礙天眼智力과 斷諸習智

력
力이니잇고

운하상득천왕   용왕   야차왕   건달바왕
云何常得天王과 龍王과 夜叉王과 乾闥婆王과

아수라왕   가루라왕   긴나라왕   마후라가
阿脩羅王과 迦樓羅王과 緊那羅王과 摩睺羅伽

왕   인왕범왕지소수호공경공양
王과 人王梵王之所守護恭敬供養이니잇고

갖가지 이해를 아는 지혜의 힘과, 일체의 곳에 이르는 길을 아는 지혜의 힘과, 선정 해탈 삼매의 물들고 깨끗함을 아는 지혜의 힘과, 지난 세상에 머무름을 기억하는 지혜의 힘과, 걸림 없는 천안을 아는 지혜의 힘과, 모든 습기를 끊는 지혜의 힘을 얻습니까?

어떻게 항상 천왕과 용왕과 야차왕과 건달바왕과 아수라왕과 가루라왕과 긴나라왕과 마후라가왕과 인왕과 범왕의 수호하고 공경하고 공양하는 바를 얻습니까?

운하득여일체중생　　위의　위구　위귀
云何得與一切衆生으로 爲依며 爲救며 爲歸며

위취　위거　위명　위조　위도　위승도
爲趣며 爲炬며 爲明이며 爲照며 爲導며 爲勝導며

위보도
爲普導이니잇고

운하어일체중생중　위제일　위대　위
云何於一切衆生中에 爲第一이며 爲大이며 爲

승　위최승　위묘　위극묘　위상　위
勝이며 爲最勝이며 爲妙며 爲極妙며 爲上이며 爲

무상　위무등　위무등등
無上이며 爲無等이며 爲無等等이니잇고

어떻게 일체 중생의 의지가 되며, 구호가 되며, 돌아갈 데가 되며, 나아갈 데가 되며, 횃불이 되며, 밝음이 되며, 비춤이 되며, 인도자가 되며, 수승한 인도자가 되며, 널리 인도하는 자가 됨을 얻습니까?

어떻게 일체 중생 가운데 제일이 되며, 위대함이 되며, 수승함이 되며, 가장 수승함이 되며, 묘함이 되며, 지극히 묘함이 되며, 위가 되며, 위없음이 되며, 같을 이 없음이 되며, 같음이 없으면서 같음이 됩니까?"

이시　문수사리보살　고지수보살언
爾時에 文殊師利菩薩이 告智首菩薩言하시니라

선재　불자　여금위욕다소요익　다소안
善哉라 佛子여 汝今爲欲多所饒益이며 多所安

은　애민세간　이락천인　문여시의
隱으로 哀愍世間하야 利樂天人일새 問如是義로다

불자　약제보살　선용기심　즉획일체승
佛子야 若諸菩薩이 善用其心하면 則獲一切勝

묘공덕　어제불법　심무소애　주거래
妙功德하야 於諸佛法에 心無所礙하며 住去來

금제불지도　수중생주　항불사리　여
今諸佛之道하며 隨衆生住하야 恒不捨離하며 如

제법상　실능통달　단일체악　구족중
諸法相을 悉能通達하며 斷一切惡하고 具足衆

　이때에 문수사리 보살이 지수 보살에게 일러 말씀하였다.

　"훌륭하도다, 불자여. 그대가 지금 많은 이익이 되는 바와 많은 안온함이 되는 바로, 세간을 애민히 여겨 천신과 사람을 이익케 하고 즐겁게 하려고 이와 같은 뜻을 물었습니다.

　불자여, 만약 모든 보살이 그 마음을 잘 쓰면, 곧 일체 수승하고 묘한 공덕을 얻어서 모든 부처님 법에 마음이 걸리는 바가 없으며, 과거와 미래와 현재의 모든 부처님의 도에 머무르며, 중생을 따라 머물러 항상 버리거나 여

선　　　당여보현　색상제일　　일체행원　　개
善하며 當如普賢의 色像第一하며 一切行願이 皆

득구족　　어일체법　무불자재　　이위중
得具足하며 於一切法에 無不自在하며 而爲衆

생　제이도사
生의 第二導師하리라

불자　운하용심　　능획일체승묘공덕
佛子야 云何用心하야사 能獲一切勝妙功德고

불자
佛子야

의지 아니하며, 저 모든 법의 모양을 다 능히 통달하며, 일체 악을 끊고 온갖 선을 구족하며, 마땅히 보현 보살과 같이 색상이 제일이며, 일체 행원이 모두 구족하며, 일체 법에 자재하지 않음이 없으며, 중생들의 제이 도사가 될 것입니다.

불자여, 어떻게 마음을 써야 능히 일체의 수승하고 묘한 공덕을 얻을 수 있는가?

불자여,

보살재가　　　　　당원중생
菩薩在家에　　　　當願衆生이

지가성공　　　　　면기핍박
知家性空하야　　　免其逼迫하며

효사부모　　　　　당원중생
孝事父母에　　　　當願衆生이

선사어불　　　　　호양일체
善事於佛하야　　　護養一切하며

처자집회　　　　　당원중생
妻子集會에　　　　當願衆生이

원친평등　　　　　영리탐착
怨親平等하야　　　永離貪著하며

보살이 집에 있을 때에는

마땅히 중생이

집의 성품이 공한 줄 알아서

그 핍박 면하기를 원할지어다.

부모를 효성으로 섬길 때에는

마땅히 이와 같이 원하라

중생이 부처님을 잘 섬겨서

일체를 보호하고 봉양하여지이다.

처자와 모일 때에는

마땅히 이와 같이 원하라

중생이 원수와 친한 이에 평등하여

길이 탐착을 여의어지이다.

약득오욕　　　당원중생
若得五欲_{인댄}　　當願衆生_이

발제욕전　　　구경안은
拔除欲箭_{하야}　　究竟安隱_{하며}

기악취회　　　당원중생
妓樂聚會_에　　當願衆生_이

이법자오　　　요기비실
以法自娛_{하야}　　了妓非實_{하며}

약재궁실　　　당원중생
若在宮室_{인댄}　　當願衆生_이

입어성지　　　영제예욕
入於聖地_{하야}　　永除穢欲_{하며}

만약 오욕을 얻으면

마땅히 이와 같이 원하라

중생이 욕심의 화살을 뽑아버리고

구경에 안온하여지이다.

즐거운 놀이로 모일 때에는

마땅히 이와 같이 원하라

중생이 법으로써 스스로 즐기고

놀이는 진실이 아닌 줄 알아지이다.

만일 궁실에 있으면

마땅히 이와 같이 원하라

중생이 성인의 지위에 들어가서

더러운 욕망을 길이 없애지이다.

착영락시　　　　당원중생
著瓔珞時에　　　當願眾生이

사제위식　　　　도진실처
捨諸偽飾하야　　到眞實處하며

상승누각　　　　당원중생
上昇樓閣에　　　當願眾生이

승정법루　　　　철견일체
昇正法樓하야　　徹見一切하며

약유소시　　　　당원중생
若有所施인댄　　當願眾生이

일체능사　　　　심무애착
一切能捨하야　　心無愛著하며

영락을 걸칠 때에는
마땅히 이와 같이 원하라
중생이 모든 거짓 장식을 버리고
진실한 곳에 이르러지이다.

누각에 오를 때에는
마땅히 이와 같이 원하라
중생이 정법의 누각에 올라서
일체를 철저히 보아지이다.

만약 보시하는 일이 있으면
마땅히 이와 같이 원하라
중생이 일체를 능히 버려서
마음에 애착이 없어지이다.

중회취집
衆會聚集에

당원중생
當願衆生이

사중취법
捨衆聚法하야

성일체지
成一切智하며

약재액난
若在厄難인댄

당원중생
當願衆生이

수의자재
隨意自在하야

소행무애
所行無礙하며

사거가시
捨居家時에

당원중생
當願衆生이

출가무애
出家無礙하야

심득해탈
心得解脫하며

여러 대중이 모일 때에는
마땅히 이와 같이 원하라
중생이 온갖 모인 법을 버리고
일체지를 이루어지이다.

만약 액난을 만나면
마땅히 이와 같이 원하라
중생이 뜻을 따라 자재하여
행하는 것이 걸림 없어지이다.

살던 집을 버릴 때에는
마땅히 이와 같이 원하라
중생이 출가하여 걸림이 없어서
마음에 해탈을 얻어지이다.

입승가람　　　　　　　당원중생
入僧伽藍에　　　　　　**當願衆生**이

연설종종　　　　　　　무괴쟁법
演說種種의　　　　　　**無乖諍法**하며

예대소사　　　　　　　당원중생
詣大小師에　　　　　　**當願衆生**이

교사사장　　　　　　　습행선법
巧事師長하야　　　　　**習行善法**하며

구청출가　　　　　　　당원중생
求請出家에　　　　　　**當願衆生**이

득불퇴법　　　　　　　심무장애
得不退法하야　　　　　**心無障礙**하며

절에 들어갈 때에는
마땅히 이와 같이 원하라
중생이 갖가지의 어기거나
다툼이 없는 법을 연설하여지이다.

크고 작은 스승에게 나아갈 때에는
마땅히 이와 같이 원하라
중생이 스승을 잘 섬겨서
선한 법을 익혀 행하여지이다.

출가하기를 구하여 청할 때에는
마땅히 이와 같이 원하라
중생이 물러나지 않는 법을 얻어서
마음에 장애가 없어지이다.

탈거속복　　　　당원중생
脫去俗服에　　　當願衆生이

근수선근　　　　사제죄액
勤修善根하야　　捨諸罪軛하며

체제수발　　　　당원중생
鬀除鬚髮에　　　當願衆生이

영리번뇌　　　　구경적멸
永離煩惱하야　　究竟寂滅하며

착가사의　　　　당원중생
著袈裟衣에　　　當願衆生이

심무소염　　　　구대선도
心無所染하야　　具大仙道하며

세속의 옷을 벗을 때에는
마땅히 이와 같이 원하라
중생이 선근을 부지런히 닦아서
모든 죄의 멍에를 버려지이다.

수염과 머리털을 깎을 때에는
마땅히 이와 같이 원하라
중생이 번뇌를 길이 여의어서
구경에 적멸하여지이다.

가사를 수할 때에는
마땅히 이와 같이 원하라
중생이 마음이 물드는 바가 없고
큰 신선의 도를 갖추어지이다.

정출가시　　　　당원중생
正出家時에　　　**當願衆生**이

동불출가　　　　구호일체
同佛出家하야　　**救護一切**하며

자귀어불　　　　당원중생
自歸於佛에　　　**當願衆生**이

소융불종　　　　발무상의
紹隆佛種하야　　**發無上意**하며

자귀어법　　　　당원중생
自歸於法에　　　**當願衆生**이

심입경장　　　　지혜여해
深入經藏하야　　**智慧如海**하며

바르게 출가할 때에는
마땅히 이와 같이 원하라
중생이 부처님같이 출가하여
일체를 구호하여지이다.

스스로 부처님께 귀의할 때에는
마땅히 이와 같이 원하라
중생이 부처님의 종성을 이어 융성하게 하고
위없는 뜻을 내어지이다.

스스로 가르침에 귀의할 때에는
마땅히 이와 같이 원하라
중생이 경장에 깊이 들어가
지혜가 바다와 같아지이다.

자 귀 어 승
自歸於僧에

당 원 중 생
當願衆生이

통 리 대 중
統理大衆호대

일 체 무 애
一切無礙하며

수 학 계 시
受學戒時에

당 원 중 생
當願衆生이

선 학 어 계
善學於戒하야

부 작 중 악
不作衆惡하며

수 사 리 교
受闍梨敎에

당 원 중 생
當願衆生이

구 족 위 의
具足威儀하야

소 행 진 실
所行眞實하며

스스로 스님에게 귀의할 때에는
마땅히 이와 같이 원하라
중생이 대중을 통솔하고 다스리되
일체에 걸림이 없어지이다.

계를 수학할 때에는
마땅히 이와 같이 원하라
중생이 계를 잘 배워서
온갖 악을 짓지 말아지이다.

아사리의 가르침을 받을 때에는
마땅히 이와 같이 원하라
중생이 위의를 구족하여
행하는 것이 진실하여지이다.

수화상교　　　　당원중생
受和尙敎에　　　**當願衆生**이

입무생지　　　　도무의처
入無生智하야　　**到無依處**하며

수구족계　　　　당원중생
受具足戒에　　　**當願衆生**이

구제방편　　　　득최승법
具諸方便하야　　**得最勝法**하며

약입당우　　　　당원중생
若入堂宇인댄　　**當願衆生**이

승무상당　　　　안주부동
昇無上堂하야　　**安住不動**하며

화상의 가르침을 받을 때에는

마땅히 이와 같이 원하라

중생이 남이 없는 지혜에 들어가서

의지할 데 없는 곳에 이르러지이다.

구족계를 받을 때에는

마땅히 이와 같이 원하라

중생이 모든 방편을 갖추어서

가장 수승한 법을 얻어지이다.

만약 당우에 들어가면

마땅히 이와 같이 원하라

중생이 위없는 당우에 올라가서

편안히 머물러 움직이지 않아지이다.

약부상좌
若敷牀座인댄

당원중생
當願衆生이

개부선법
開敷善法하야

견진실상
見眞實相하며

정신단좌
正身端坐에

당원중생
當願衆生이

좌보리좌
坐菩提座하야

심무소착
心無所著하며

결가부좌
結跏趺坐에

당원중생
當願衆生이

선근견고
善根堅固하야

득부동지
得不動地하며

만약 평상 자리를 펴면

마땅히 이와 같이 원하라

중생이 선한 법을 열어 펼쳐서

진실한 모양을 보아지이다.

몸을 바르게 하고 단정히 앉을 때에는

마땅히 이와 같이 원하라

중생이 보리좌에 앉아서

마음에 집착하는 바가 없어지이다.

결가부좌를 할 때에는

마땅히 이와 같이 원하라

중생이 선근이 견고하여

흔들리지 않는 지위를 얻어지이다.

수행어정　　　　당원중생
修行於定에　　　**當願衆生**이

이정복심　　　　구경무여
以定伏心하야　　**究竟無餘**하며

약수어관　　　　당원중생
若修於觀인댄　　**當願衆生**이

견여실리　　　　영무괴쟁
見如實理하야　　**永無乖諍**하며

사가부좌　　　　당원중생
捨跏趺坐에　　　**當願衆生**이

관제행법　　　　실귀산멸
觀諸行法이　　　**悉歸散滅**하며

선정을 닦아 행할 때에는
마땅히 이와 같이 원하라
중생이 선정으로 마음을 조복하여
구경에 남음이 없어지이다.

만약 관법을 닦으면
마땅히 이와 같이 원하라
중생이 실상과 같은 이치를 보아서
길이 어기거나 다툼이 없어지이다.

가부좌를 풀 때에는
마땅히 이와 같이 원하라
중생이 모든 변천하는 법이 다 흩어져
소멸함으로 돌아가는 것을 관하여지이다.

하족주시
下足住時에

당원중생
當願衆生이

심득해탈
心得解脫하야

안주부동
安住不動하며

약거어족
若擧於足인댄

당원중생
當願衆生이

출생사해
出生死海하야

구중선법
具衆善法하며

착하군시
著下裙時에

당원중생
當願衆生이

복제선근
服諸善根하야

구족참괴
具足慙愧하며

발을 내려 머무를 때에는
마땅히 이와 같이 원하라
중생이 마음에 해탈을 얻어서
편안히 머물러 움직이지 않아지이다.

만약 발을 들면
마땅히 이와 같이 원하라
중생이 생사의 바다를 벗어나
온갖 선한 법을 갖추어지이다.

아래옷을 입을 때에는
마땅히 이와 같이 원하라
중생이 모든 선근을 입어서
부끄러움을 구족하여지이다.

정의속대　　　　당원중생
整衣束帶에　　**當願衆生**이

검속선근　　　　불령산실
檢束善根하야　**不令散失**하며

약착상의　　　　당원중생
若著上衣인댄　**當願衆生**이

획승선근　　　　지법피안
獲勝善根하야　**至法彼岸**하며

착승가리　　　　당원중생
著僧伽梨에　　**當願衆生**이

입제일위　　　　득부동법
入第一位하야　**得不動法**하며

옷을 정돈하고 띠를 맬 때에는
마땅히 이와 같이 원하라
중생이 선근을 살피고 단속하여
흩어지거나 잃지 않게 하여지이다.

만약 윗옷을 입으면
마땅히 이와 같이 원하라
중생이 수승한 선근을 얻어서
법의 피안에 이르러지이다.

승가리를 입을 때에는
마땅히 이와 같이 원하라
중생이 제일의 지위에 들어가
움직이지 않는 법을 얻어지이다.

수집양지　　　　당원중생
手執楊枝에　　　**當願衆生**이

개득묘법　　　　구경청정
皆得妙法하야　　**究竟淸淨**하며

작양지시　　　　당원중생
嚼楊枝時에　　　**當願衆生**이

기심조정　　　　서제번뇌
其心調淨하야　　**噬諸煩惱**하며

대소변시　　　　당원중생
大小便時에　　　**當願衆生**이

기탐진치　　　　견제죄법
棄貪瞋癡하야　　**蠲除罪法**하며

손으로 양칫대를 잡을 때에는

마땅히 이와 같이 원하라

중생이 다 묘한 법을 얻어서

구경에 청정하여지이다.

양치할 때에는

마땅히 이와 같이 원하라

중생이 그 마음이 고르고 깨끗하여

모든 번뇌를 씹어지이다.

대소변을 볼 때에는

마땅히 이와 같이 원하라

중생이 탐진치를 버려서

죄법을 깨끗이 없애지이다.

사흘취수　　　　　당원중생
事訖就水에　　　**當願衆生**이

출세법중　　　　　속질이왕
出世法中에　　　**速疾而往**하며

세척형예　　　　　당원중생
洗滌形穢에　　　**當願衆生**이

청정조유　　　　　필경무구
清淨調柔하야　**畢竟無垢**하며

이수관장　　　　　당원중생
以水盥掌에　　　**當願衆生**이

득청정수　　　　　수지불법
得清淨手하야　**受持佛法**하며

일을 마치고 물에 나아갈 때에는
마땅히 이와 같이 원하라
중생이 출세간법 가운데
빨리 가게 하여지이다.

몸의 더러움을 씻을 때에는
마땅히 이와 같이 원하라
중생이 청정하고 부드러워
마침내 때가 없어지이다.

물로 손을 씻을 때에는
마땅히 이와 같이 원하라
중생이 청정한 손을 얻어서
부처님 법을 받아 지녀지이다.

이수세면　　　　당원중생
以水洗面에　　**當願眾生**이

득정법문　　　　영무구염
得淨法門하야　**永無垢染**하며

수집석장　　　　당원중생
手執錫杖에　　**當願眾生**이

설대시회　　　　시여실도
設大施會하야　**示如實道**하며

집지응기　　　　당원중생
執持應器에　　**當願眾生**이

성취법기　　　　수천인공
成就法器하야　**受天人供**하며

물로 얼굴을 씻을 때에는
마땅히 이와 같이 원하라
중생이 청정한 법문을 얻어서
길이 더러움에 물듦이 없어지이다.

손으로 석장을 잡을 때에는
마땅히 이와 같이 원하라
중생이 크게 보시하는 모임을 베풀어
실상과 같은 도를 보여지이다.

발우를 집어 가질 때에는
마땅히 이와 같이 원하라
중생이 법그릇을 성취하여
천신과 사람의 공양을 받아지이다.

발 지 향 도
發趾向道에

당 원 중 생
當願衆生이

취 불 소 행
趣佛所行하야

입 무 의 처
入無依處하며

약 재 어 도
若在於道인댄

당 원 중 생
當願衆生이

능 행 불 도
能行佛道하야

향 무 여 법
向無餘法하며

섭 로 이 거
涉路而去에

당 원 중 생
當願衆生이

이 정 법 계
履淨法界하야

심 무 장 애
心無障礙하며

발을 내디디어 길을 향할 때에는
마땅히 이와 같이 원하라
중생이 부처님의 행하시던 데로 나아가
의지할 데 없음에 들어가지이다.

만약 길에 있으면
마땅히 이와 같이 원하라
중생이 능히 불도를 행하여
남음이 없는 법을 향하여지이다.

길을 걸어갈 때에는
마땅히 이와 같이 원하라
중생이 청정한 법계를 밟아서
마음에 장애가 없어지이다.

견승고로　　　　당원중생
見昇高路에　　　當願衆生이

영출삼계　　　　심무겁약
永出三界하야　　心無怯弱하며

견취하로　　　　당원중생
見趣下路에　　　當願衆生이

기심겸하　　　　장불선근
其心謙下하야　　長佛善根하며

견사곡로　　　　당원중생
見斜曲路에　　　當願衆生이

사불정도　　　　영제악견
捨不正道하야　　永除惡見하며

올라가는 높은 길을 볼 때에는
마땅히 이와 같이 원하라
중생이 삼계에서 영원히 벗어나
마음에 겁약이 없어지이다.

내려가는 길을 볼 때에는
마땅히 이와 같이 원하라
중생이 그 마음이 겸손하고 하심하여
부처님의 선근을 길러지이다.

비탈지고 굽은 길을 볼 때에는
마땅히 이와 같이 원하라
중생이 바르지 않은 길을 버리고
나쁜 소견을 영원히 없애지이다.

약견직로 　　　　　당원중생
若見直路인댄 　　　當願衆生이

기심정직 　　　　　무첨무광
其心正直하야 　　　無諂無誑하며

견로다진 　　　　　당원중생
見路多塵에 　　　　當願衆生이

원리진분 　　　　　획청정법
遠離塵坌하야 　　　獲清淨法하며

견로무진 　　　　　당원중생
見路無塵에 　　　　當願衆生이

상행대비 　　　　　기심윤택
常行大悲하야 　　　其心潤澤하며

만약 곧은 길을 보면

마땅히 이와 같이 원하라

중생이 그 마음이 바르고 곧아서

아첨도 없고 속임도 없어지이다.

길에 먼지가 많음을 볼 때에는

마땅히 이와 같이 원하라

중생이 번뇌를 멀리 여의고

청정한 법을 얻어지이다.

길에 먼지가 없음을 볼 때에는

마땅히 이와 같이 원하라

중생이 항상 대비를 행하여

그 마음이 윤택하여지이다.

약견험도　　　　당원중생
若見險道인댄　　當願衆生이

주정법계　　　　이제죄난
住正法界하야　　離諸罪難이며

약견중회　　　　당원중생
若見衆會인댄　　當願衆生이

설심심법　　　　일체화합
說甚深法하야　　一切和合하며

약견대주　　　　당원중생
若見大柱인댄　　當願衆生이

이아쟁심　　　　무유분한
離我諍心하야　　無有忿恨하며

만약 험한 길을 보면

마땅히 이와 같이 원하라

중생이 바른 법계에 머물러서

모든 죄와 난관을 여의어지이다.

만약 대중모임을 보면

마땅히 이와 같이 원하라

중생이 깊고 깊은 법을 설하여

일체가 화합하여지이다.

만약 큰 기둥을 보면

마땅히 이와 같이 원하라

중생이 나를 내세워 다투는 마음을 여의어서

분함과 원한이 없어지이다.

약견총림　　　　당원중생
若見叢林인댄　　　當願衆生이

제천급인　　　　소응경례
諸天及人의　　　所應敬禮하며

약견고산　　　　당원중생
若見高山인댄　　　當願衆生이

선근초출　　　　무능지정
善根超出하야　　　無能至頂하며

견극자수　　　　당원중생
見棘刺樹에　　　當願衆生이

질득전제　　　　삼독지자
疾得翦除　　　　三毒之刺하며

만약 총림을 보면

마땅히 이와 같이 원하라

중생이 천신과 사람의

공경하고 예배하는 바가 되어지이다.

만약 높은 산을 보면

마땅히 이와 같이 원하라

중생이 선근이 뛰어나서

능히 정상에 도달함이 없어지이다.

가시나무를 볼 때에는

마땅히 이와 같이 원하라

중생이 빨리 삼독의 가시를

끊어 제거할 수 있어지이다.

견수엽무　　　　당원중생
見樹葉茂에　　　當願衆生이

이정해탈　　　　이위음영
以定解脫로　　　而爲蔭映하며

약견화개　　　　당원중생
若見華開인댄　　當願衆生이

신통등법　　　　여화개부
神通等法이　　　如華開敷하며

약견수화　　　　당원중생
若見樹華인댄　　當願衆生이

중상여화　　　　구삼십이
衆相如華하야　　具三十二하며

나뭇잎이 무성함을 볼 때에는

마땅히 이와 같이 원하라

중생이 선정과 해탈로써

그늘이 드리워지이다.

만약 꽃이 피는 것을 보면

마땅히 이와 같이 원하라

중생이 신통 등의 법이

꽃처럼 피어지이다.

만약 나무에 핀 꽃을 보면

마땅히 이와 같이 원하라

중생이 여러 형상이 꽃과 같아서

삼십이상을 갖추어지이다.

약견과실　　　당원중생
若見果實인댄　　當願衆生이

획최승법　　　증보리도
獲最勝法하야　　證菩提道하며

약견대하　　　당원중생
若見大河인댄　　當願衆生이

득예법류　　　입불지해
得預法流하야　　入佛智海하며

약견피택　　　당원중생
若見陂澤인댄　　當願衆生이

질오제불　　　일미지법
疾悟諸佛의　　一味之法하며

만약 열매를 보면

마땅히 이와 같이 원하라

중생이 가장 수승한 법을 얻어서

보리도를 증득하여지이다.

만약 큰 강을 보면

마땅히 이와 같이 원하라

중생이 법의 흐름에 참예하여

부처님의 지혜바다에 들어가지이다.

만약 늪을 보면

마땅히 이와 같이 원하라

중생이 모든 부처님의

한 맛의 법을 빨리 깨달아지이다.

약견지소
若見池沼인댄

당원중생
當願衆生이

어업만족
語業滿足하야

교능연설
巧能演說하며

약견급정
若見汲井인댄

당원중생
當願衆生이

구족변재
具足辯才하야

연일체법
演一切法하며

약견용천
若見涌泉인댄

당원중생
當願衆生이

방편증장
方便增長하야

선근무진
善根無盡하며

만약 연못을 보면
마땅히 이와 같이 원하라
중생이 말의 업이 만족하여
교묘하게 능히 연설하여지이다.

만약 물 긷는 우물을 보면
마땅히 이와 같이 원하라
중생이 변재를 구족하여
일체 법을 연설하여지이다.

만약 솟아오르는 샘을 보면
마땅히 이와 같이 원하라
중생이 방편이 증장하여
선근이 다함없어지이다.

약견교도　　　　당원중생
若見橋道_{인댄}　　當願衆生_이

광도일체　　　　유여교량
廣度一切_를　　猶如橋梁_{하며}

약견유수　　　　당원중생
若見流水_{인댄}　　當願衆生_이

득선의욕　　　　세제혹구
得善意欲_{하야}　　洗除惑垢_{하며}

견수원포　　　　당원중생
見修園圃_에　　當願衆生_이

오욕포중　　　　운제애초
五欲圃中_에　　耘除愛草_{하며}

약견교도　　　　당원중생
若見橋道 인댄　　當願衆生 이

광도일체　　　　유여교량
廣度一切 를　　猶如橋梁 하며

약견유수　　　　당원중생
若見流水 인댄　　當願衆生 이

득선의욕　　　　세제혹구
得善意欲 하야　　洗除惑垢 하며

견수원포　　　　당원중생
見修園圃 에　　當願衆生 이

오욕포중　　　　운제애초
五欲圃中 에　　耘除愛草 하며

만약 다리 놓인 길을 보면

마땅히 이와 같이 원하라

중생이 일체를 널리 제도함이

마치 다리와 같아지이다.

만약 흘러가는 물을 보면

마땅히 이와 같이 원하라

중생이 선한 의욕을 얻어서

미혹의 때를 씻어 없애지이다.

원두밭 매는 것을 볼 때에는

마땅히 이와 같이 원하라

중생이 오욕의 원두밭 가운데

애욕의 풀을 뽑아 제거하여지이다.

견무우림　　　　　당원중생
見無憂林에　　　　當願眾生이

영리탐애　　　　　불생우포
永離貪愛하야　　　不生憂怖하며

약견원원　　　　　당원중생
若見園苑인댄　　　當願眾生이

근수제행　　　　　취불보리
勤修諸行하야　　　趣佛菩提하며

견엄식인　　　　　당원중생
見嚴飾人에　　　　當願眾生이

삼십이상　　　　　이위엄호
三十二相으로　　　以爲嚴好하며

무우수 숲을 볼 때에는

마땅히 이와 같이 원하라

중생이 길이 탐애를 여의어서

근심과 두려움이 생기지 않아지이다.

만약 동산을 보면

마땅히 이와 같이 원하라

중생이 모든 행을 부지런히 닦아서

부처님의 보리에 나아가지이다.

장식한 사람을 볼 때에는

마땅히 이와 같이 원하라

중생이 삼십이상으로

장엄하여지이다.

견무엄식　　　　　당원중생
見無嚴飾에　　　　**當願衆生**이

사제식호　　　　　구두타행
捨諸飾好하고　　　**具頭陀行**하며

견락착인　　　　　당원중생
見樂著人에　　　　**當願衆生**이

이법자오　　　　　환애불사
以法自娛하야　　　**歡愛不捨**하며

견무락착　　　　　당원중생
見無樂著에　　　　**當願衆生**이

유위사중　　　　　심무소락
有爲事中에　　　　**心無所樂**하며

장식하지 않음을 볼 때에는
마땅히 이와 같이 원하라
중생이 모든 장식을 버리고
두타행을 갖추어지이다.

즐거움에 집착하는 사람을 볼 때에는
마땅히 이와 같이 원하라
중생이 법으로 스스로 즐겨서
기뻐하고 사랑하여 버리지 않아지이다.

즐거움에 집착함이 없음을 볼 때에는
마땅히 이와 같이 원하라
중생이 유위의 일 가운데
마음에 즐겨하는 바가 없어지이다.

견환락인　　　　당원중생
見歡樂人에　　　**當願衆生**이

상득안락　　　　낙공양불
常得安樂하야　　**樂供養佛**하며

견고뇌인　　　　당원중생
見苦惱人에　　　**當願衆生**이

획근본지　　　　멸제중고
獲根本智하야　　**滅除衆苦**하며

견무병인　　　　당원중생
見無病人에　　　**當願衆生**이

입진실혜　　　　영무병뇌
入眞實慧하야　　**永無病惱**하며

기뻐하고 즐거워하는 사람을 볼 때에는

마땅히 이와 같이 원하라

중생이 항상 안락을 얻어서

즐거이 부처님께 공양올려지이다.

고뇌하는 사람을 볼 때에는

마땅히 이와 같이 원하라

중생이 근본지를 얻어서

온갖 고통을 소멸하여지이다.

병이 없는 사람을 볼 때에는

마땅히 이와 같이 원하라

중생이 진실한 지혜에 들어가서

길이 병의 뇌로움이 없어지이다.

견질병인　　　　당원중생
見疾病人에　　　當願衆生이

지신공적　　　　이괴쟁법
知身空寂하야　　離乖諍法하며

견단정인　　　　당원중생
見端正人에　　　當願衆生이

어불보살　　　　상생정신
於佛菩薩에　　　常生淨信하며

견추루인　　　　당원중생
見醜陋人에　　　當願衆生이

어불선사　　　　불생락착
於不善事에　　　不生樂著하며

병든 사람을 볼 때에는

마땅히 이와 같이 원하라

중생이 몸이 공적함을 알아서

어기거나 다투는 법을 여의어지이다.

단정한 사람을 볼 때에는

마땅히 이와 같이 원하라

중생이 부처님과 보살에게

항상 깨끗한 믿음을 내어지이다.

누추한 사람을 볼 때에는

마땅히 이와 같이 원하라

중생이 좋지 않은 일에

즐겨 집착하지 말아지이다.

견보은인　　　　당원중생
見報恩人에　　　**當願衆生**이

어불보살　　　　능지은덕
於佛菩薩에　　　**能知恩德**하며

견배은인　　　　당원중생
見背恩人에　　　**當願衆生**이

어유악인　　　　불가기보
於有惡人에　　　**不加其報**하며

약견사문　　　　당원중생
若見沙門인댄　　**當願衆生**이

조유적정　　　　필경제일
調柔寂靜하야　　**畢竟第一**하며

은혜 갚는 사람을 볼 때에는

마땅히 이와 같이 원하라

중생이 부처님과 보살에게

능히 은덕을 갚을 줄 알아지이다.

은혜를 배반하는 사람을 볼 때에는

마땅히 이와 같이 원하라

중생이 악한 사람에게

그 되갚음을 하지 말아지이다.

만약 사문을 보면

마땅히 이와 같이 원하라

중생이 고르고 부드럽고 고요하여

마침내 제일이 되어지이다.

견바라문　　　　당원중생
見婆羅門에　　　當願衆生이

영지범행　　　　이일체악
永持梵行하야　　離一切惡하며

견고행인　　　　당원중생
見苦行人에　　　當願衆生이

의어고행　　　　지구경처
依於苦行하야　　至究竟處하며

견조행인　　　　당원중생
見操行人에　　　當願衆生이

견지지행　　　　불사불도
堅持志行하야　　不捨佛道하며

바라문을 볼 때에는

마땅히 이와 같이 원하라

중생이 길이 청정한 행을 지녀서

일체 악을 여의어지이다.

고행하는 사람을 볼 때에는

마땅히 이와 같이 원하라

중생이 고행을 의지하여

구경처에 이르러지이다.

지조있는 행을 하는 사람을 볼 때에는

마땅히 이와 같이 원하라

중생이 지조있는 행을 굳게 가져서

불도를 버리지 않아지이다.

견착갑주　　　당원중생
見著甲冑에　　當願衆生이

상복선개　　　취무사법
常服善鎧하고　趣無師法하며

견무개장　　　당원중생
見無鎧仗에　　當願衆生이

영리일체　　　불선지업
永離一切　　　不善之業하며

견논의인　　　당원중생
見論議人에　　當願衆生이

어제이론　　　실능최복
於諸異論에　　悉能摧伏하며

갑옷과 투구를 입은 사람을 볼 때에는
마땅히 이와 같이 원하라
중생이 항상 선행의 갑옷을 입고
스승 없는 법에 나아가지이다.

갑옷을 입지 않음을 볼 때에는
마땅히 이와 같이 원하라
중생이 일체 착하지 않은 업을
길이 여의어지이다.

논의하는 사람을 볼 때에는
마땅히 이와 같이 원하라
중생이 모든 이론들을
다 능히 꺾어 조복하여지이다.

견정명인　　　　　당원중생
見正命人에　　　　當願衆生이

득청정명　　　　　불교위의
得淸淨命하야　　　不矯威儀하며

약견어왕　　　　　당원중생
若見於王인댄　　　當願衆生이

득위법왕　　　　　항전정법
得爲法王하야　　　恒轉正法하며

약견왕자　　　　　당원중생
若見王子인댄　　　當願衆生이

종법화생　　　　　이위불자
從法化生하야　　　而爲佛子하며

바르게 사는 사람을 볼 때에는
마땅히 이와 같이 원하라
중생이 청정한 목숨을 얻어서
위의를 꾸미지 않아지이다.

만약 왕을 보면
마땅히 이와 같이 원하라
중생이 법왕이 되어서
항상 정법을 굴려지이다.

만약 왕자를 보면
마땅히 이와 같이 원하라
중생이 법으로부터 화생하여
불자가 되어지이다.

약견장자
若見長者인댄

당원중생
當願衆生이

선능명단
善能明斷하야

불행악법
不行惡法하며

약견대신
若見大臣인댄

당원중생
當願衆生이

항수정념
恒守正念하야

습행중선
習行衆善하며

약견성곽
若見城郭인댄

당원중생
當願衆生이

득견고신
得堅固身하야

심무소굴
心無所屈하며

만약 장자를 보면

마땅히 이와 같이 원하라

중생이 잘 능히 밝게 판단하여

악법을 행하지 않아지이다.

만약 대신을 보면

마땅히 이와 같이 원하라

중생이 항상 바른 생각을 지켜서

온갖 선을 익히고 행하여지이다.

만약 성곽을 보면

마땅히 이와 같이 원하라

중생이 견고한 몸을 얻어서

마음에 굽히는 것이 없어지이다.

약견왕도　　　　당원중생
若見王都인댄　　當願衆生이

공덕공취　　　　심항희락
功德共聚하야　　心恒喜樂하며

견처림수　　　　당원중생
見處林藪인댄　　當願衆生이

응위천인　　　　지소탄앙
應爲天人　　　　之所歎仰하며

입리걸식　　　　당원중생
入里乞食에　　　當願衆生이

입심법계　　　　심무장애
入深法界하야　　心無障礙하며

만약 왕의 도성을 보면

마땅히 이와 같이 원하라

중생이 공덕을 함께 모아서

마음이 항상 기쁘고 즐거워지이다.

숲속에 있음을 볼 때에는

마땅히 이와 같이 원하라

중생이 천신이나 사람의

우러러 찬탄하는 바가 되어지이다.

마을에 들어가 걸식할 때에는

마땅히 이와 같이 원하라

중생이 깊은 법계에 들어가서

마음에 장애가 없어지이다.

도인문호　　　　당원중생
到人門戶에　　**當願衆生**이

입어일체　　　　불법지문
入於一切　　**佛法之門**하며

입기가이　　　　당원중생
入其家已에　　**當願衆生**이

득입불승　　　　삼세평등
得入佛乘하야　**三世平等**하며

견불사인　　　　당원중생
見不捨人에　　**當願衆生**이

상불사리　　　　승공덕법
常不捨離　　**勝功德法**하며

남의 문 앞에 이르렀을 때에는
마땅히 이와 같이 원하라
중생이 일체 불법의 문에
들어가지이다.

그 집에 들어갔을 때에는
마땅히 이와 같이 원하라
중생이 불승에 들어가서
삼세가 평등하여지이다.

버리지 못하는 사람을 볼 때에는
마땅히 이와 같이 원하라
중생이 항상 수승한 공덕의 법을
버리고 여의지 않아지이다.

견능사인　　　　당원중생
見能捨人에　　　**當願衆生**이

영득사리　　　　삼악도고
永得捨離　　　**三惡道苦**하며

약견공발　　　　당원중생
若見空鉢인댄　　**當願衆生**이

기심청정　　　　공무번뇌
其心淸淨하야　　**空無煩惱**하며

약견만발　　　　당원중생
若見滿鉢인댄　　**當願衆生**이

구족성만　　　　일체선법
具足成滿　　　**一切善法**하며

능히 버리는 사람을 볼 때에는
마땅히 이와 같이 원하라
중생이 삼악도의 고통을
길이 버리고 여의어지이다.

만약 빈 발우를 보면
마땅히 이와 같이 원하라
중생이 그 마음이 청정해서
텅 비어 번뇌가 없어지이다.

만약 가득 찬 발우를 보면
마땅히 이와 같이 원하라
중생이 일체의 선법을
구족하여 가득하여지이다.

약득공경
若得恭敬인댄

당원중생
當願衆生이

공경수행
恭敬修行

일체불법
一切佛法하며

부득공경
不得恭敬에

당원중생
當願衆生이

불행일체
不行一切

불선지법
不善之法하며

견참치인
見慚恥人에

당원중생
當願衆生이

구참치행
具慚恥行하야

장호제근
藏護諸根하며

만약 공경을 받으면

마땅히 이와 같이 원하라

중생이 일체 부처님 법을

공경히 수행하여지이다.

공경을 받지 못할 때에는

마땅히 이와 같이 원하라

중생이 일체 선하지 않은 법을

행하지 않아지이다.

부끄러워하는 사람을 볼 때에는

마땅히 이와 같이 원하라

중생이 부끄러워하는 행을 갖추어서

모든 근을 감추고 보호하여지이다.

견무참치　　　　당원중생
見無慙恥에　　　當願衆生이

사리무참　　　　주대자도
捨離無慙하고　　住大慈道하며

약득미식　　　　당원중생
若得美食인댄　　當願衆生이

만족기원　　　　심무선욕
滿足其願하야　　心無羨欲하며

득불미식　　　　당원중생
得不美食에　　　當願衆生이

막불획득　　　　제삼매미
莫不獲得　　　　諸三昧味하며

부끄러워함이 없음을 볼 때에는

마땅히 이와 같이 원하라

중생이 부끄러워함이 없음을 버리고 여의어서

대자의 길에 머물러지이다.

만약 좋은 음식을 얻으면

마땅히 이와 같이 원하라

중생이 그 원을 만족해서

마음에 부러움과 욕구가 없어지이다.

좋지 않은 음식을 얻었을 때에는

마땅히 이와 같이 원하라

중생이 모든 삼매의 맛을

얻지 못함이 없어지이다.

득유연식　　　　　당원중생
得柔軟食에　　　**當願衆生**이

대비소훈　　　　　심의유연
大悲所熏으로　　**心意柔軟**하며

득추삽식　　　　　당원중생
得麁澁食에　　　**當願衆生**이

심무염착　　　　　절세탐애
心無染著하야　　**絶世貪愛**하며

약반사시　　　　　당원중생
若飯食時인댄　　**當願衆生**이

선열위식　　　　　법희충만
禪悅爲食하야　　**法喜充滿**하며

유연한 음식을 얻었을 때에는
마땅히 이와 같이 원하라
중생이 대비의 훈습한 바로
마음과 뜻이 유연하여지이다.

거친 음식을 얻었을 때에는
마땅히 이와 같이 원하라
중생이 마음에 물들고 집착함이 없어서
세상의 탐애를 끊어지이다.

만약 밥을 먹을 때이면
마땅히 이와 같이 원하라
중생이 선열로 밥을 삼아서
법희가 충만하여지이다.

약 수 미 시
若受味時인댄

당 원 중 생
當願衆生이

득 불 상 미
得佛上味하야

감 로 만 족
甘露滿足하며

반 사 이 흘
飯食已訖에

당 원 중 생
當願衆生이

소 작 개 판
所作皆辦하야

구 제 불 법
具諸佛法하며

약 설 법 시
若說法時인댄

당 원 중 생
當願衆生이

득 무 진 변
得無盡辯하야

광 선 법 요
廣宣法要하며

만약 맛을 볼 때이면
마땅히 이와 같이 원하라
중생이 불법의 높은 맛을 얻어서
감로가 만족하여지이다.

밥을 먹고 나서는
마땅히 이와 같이 원하라
중생이 하는 일을 다 마치고
모든 부처님의 법을 갖추어지이다.

만약 법을 설할 때이면
마땅히 이와 같이 원하라
중생이 다함없는 변재를 얻어서
법의 요체를 널리 설하여지이다.

종사출시　　　　　당원중생
從舍出時_에　　　當願眾生_이

심입불지　　　　　영출삼계
深入佛智_{하야}　永出三界_{하며}

약입수시　　　　　당원중생
若入水時_{인댄}　當願眾生_이

입일체지　　　　　지삼세등
入一切智_{하야}　知三世等_{하며}

세욕신체　　　　　당원중생
洗浴身體_에　　當願眾生_이

신심무구　　　　　내외광결
身心無垢_{하야}　內外光潔_{하며}

집에서 나갈 때에는
마땅히 이와 같이 원하라
중생이 부처님의 지혜에 깊이 들어가
삼계를 길이 벗어나지이다.

만약 물에 들어갈 때이면
마땅히 이와 같이 원하라
중생이 일체지에 들어가서
삼세가 평등함을 알아지이다.

신체를 씻을 때에는
마땅히 이와 같이 원하라
중생이 몸과 마음에 때가 없어서
안과 밖이 빛나고 깨끗하여지이다.

성서염독　　　　　당원중생
盛暑炎毒에　　　　當願衆生이

사리중뇌　　　　　일체개진
捨離衆惱하야　　　一切皆盡하며

서퇴량초　　　　　당원중생
暑退凉初에　　　　當願衆生이

증무상법　　　　　구경청량
證無上法하야　　　究竟清涼하며

풍송경시　　　　　당원중생
諷誦經時에　　　　當願衆生이

순불소설　　　　　총지불망
順佛所說하야　　　摠持不忘하며

한여름에 지독히 더울 때에는
마땅히 이와 같이 원하라
중생이 온갖 번뇌를 버리고 여의어서
일체 번뇌가 모두 다하여지이다.

더위가 물러가고 서늘해질 때에는
마땅히 이와 같이 원하라
중생이 위없는 법을 증득하여
구경에 청량하여지이다.

경을 읽을 때에는
마땅히 이와 같이 원하라
중생이 부처님의 설하신 바를 따라
모두 지녀 잊지 않아지이다.

약득견불   당원중생
若得見佛인댄   當願衆生이

득무애안   견일체불
得無礙眼하야   見一切佛하며

체관불시   당원중생
諦觀佛時에   當願衆生이

개여보현   단정엄호
皆如普賢의   端正嚴好하며

견불탑시   당원중생
見佛塔時에   當願衆生이

존중여탑   수천인공
尊重如塔하야   受天人供하며

만약 부처님을 친견하면
마땅히 이와 같이 원하라
중생이 걸림 없는 눈을 얻어서
일체 부처님을 친견하여지이다.

부처님을 자세히 관할 때에는
마땅히 이와 같이 원하라
중생이 모두 보현 보살과 같이
단정하고 장엄하여지이다.

부처님 탑을 볼 때에는
마땅히 이와 같이 원하라
중생이 존중되기 탑과 같아서
천신과 사람의 공양을 받아지이다.

경심관탑　　　　　당원중생
敬心觀塔에　　　**當願衆生**이

제천급인　　　　　소공첨앙
諸天及人의　　　**所共瞻仰**하며

정례어탑　　　　　당원중생
頂禮於塔에　　　**當願衆生**이

일체천인　　　　　무능견정
一切天人이　　　**無能見頂**하며

우요어탑　　　　　당원중생
右遶於塔에　　　**當願衆生**이

소행무역　　　　　성일체지
所行無逆하야　　**成一切智**하며

공경하는 마음으로 탑을 볼 때에는

마땅히 이와 같이 원하라

중생이 모든 천신과 사람이

함께 우러러 보는 바가 되어지이다.

탑에 정례할 때에는

마땅히 이와 같이 원하라

중생이 일체 천신과 사람이

이마를 볼 수 없어지이다.

탑을 오른쪽으로 돌 때에는

마땅히 이와 같이 원하라

중생이 행하는 바가 거스름이 없어서

일체지를 이루어지이다.

요탑삼잡   당원중생
遶塔三帀에   當願衆生이

근구불도   심무해헐
勤求佛道하야   心無懈歇하며

찬불공덕   당원중생
讚佛功德에   當願衆生이

중덕실구   칭탄무진
衆德悉具하야   稱歎無盡하며

찬불상호   당원중생
讚佛相好에   當願衆生이

성취불신   증무상법
成就佛身하야   證無相法하며

탑을 세 번 돌 때에는
마땅히 이와 같이 원하라
중생이 부처님 도를 부지런히 구해서
마음에 게으르고 쉼이 없어지이다.

부처님의 공덕을 찬탄할 때에는
마땅히 이와 같이 원하라
중생이 온갖 덕을 다 갖추어서
다함없이 찬탄하여지이다.

부처님의 상호를 찬탄할 때에는
마땅히 이와 같이 원하라
중생이 부처님 몸을 성취하여
모양 없는 법을 증득하여지이다.

약 세 족 시　　　　당 원 중 생
若洗足時_{인댄}　　當願眾生_이

구 신 족 력　　　　소 행 무 애
具神足力_{하야}　　所行無礙_{하며}

이 시 침 식　　　　당 원 중 생
以時寢息_에　　當願眾生_이

신 득 안 은　　　　심 무 동 란
身得安隱_{하고}　　心無動亂_{하며}

수 면 시 오　　　　당 원 중 생
睡眠始寤_에　　當願眾生_이

일 체 지 각　　　　주 고 시 방
一切智覺_{하야}　　周顧十方_{이니라}

만약 발을 씻을 때이면

마땅히 이와 같이 원하라

중생이 신족통의 힘을 갖추어서

다니는 것에 걸림이 없어지이다.

잠자고 쉴 때에는

마땅히 이와 같이 원하라

중생이 몸이 편안함을 얻어서

마음에 움직이거나 어지러움이 없어지이다.

잠에서 처음 깰 때에는

마땅히 중생이

일체지를 깨달아서

시방을 두루 살피기를 원할지어다.

불자　　약제보살　　여시용심　　즉획일체승
佛子야 若諸菩薩이 如是用心하면 則獲一切勝

묘공덕　　일체세간　　제천마범　　사문바라
妙功德하야 一切世間과 諸天魔梵과 沙門婆羅

문　　건달바아수라등　　급이일체성문연각
門과 乾闥婆阿脩羅等과 及以一切聲聞緣覺의

소불능동
所不能動이니라

불자여, 만약 모든 보살들이 이와 같이 마음을 쓰면 일체 수승하고 묘한 공덕을 얻어서, 일체 세간과 모든 천신과 마군과 범천과 사문과 바라문과 건달바와 아수라 등과 그리고 일체 성문과 연각이 능히 흔들지 못할 것입니다."

대방광불화엄경

제14권

12. 현수품 [1]

대방광불화엄경 권제십사
大方廣佛華嚴經　卷第十四

현수품　제십이지일
賢首品　第十二之一

이시　　문수사리보살　　설무탁란청정행대
爾時에 **文殊師利菩薩**이 **說無濁亂淸淨行大**

공덕이　　　　욕현시보리심공덕고　　이게
功德已하시고 **欲顯示菩提心功德故**로 **以偈**로

문현수보살왈
問賢首菩薩曰

대방광불화엄경 제14권

12. 현수품 [1]

그때에 문수사리 보살이 혼탁하고 어지러움이 없는 청정한 행의 큰 공덕을 설하고 나서, 보리심의 공덕을 나타내 보이고자 한 까닭에 게송으로 현수 보살에게 물어 말씀하였다.

아 금 이 위 제 보 살
我今已爲諸菩薩하야

설 불 왕 수 청 정 행
說佛往修淸淨行호니

인 역 당 어 차 회 중
仁亦當於此會中에

연 창 수 행 승 공 덕
演暢修行勝功德하소서

이 시   현 수 보 살   이 게 답 왈
爾時에 賢首菩薩이 以偈答曰

선 재 인 자 응 제 청
善哉仁者應諦聽하소서

피 제 공 덕 불 가 량
彼諸功德不可量일새

아 금 수 력 설 소 분
我今隨力說少分호리니

유 여 대 해 일 적 수
猶如大海一滴水니라

내가 이제 이미 모든 보살들을 위하여

부처님께서 옛적에 닦으신 청정한 행을 설했으니

인자도 또한 마땅히 이 법회에서

수행의 수승한 공덕을 연설하소서.

그때에 현수 보살이 게송으로 답하여 말씀하

였다.

훌륭하도다, 인자여. 마땅히 자세히 들으소서

그 모든 공덕은 헤아릴 수 없어

내가 이제 힘 따라 조금만 설하리니

마치 큰 바다의 한 방울 물과 같습니다.

약유보살초발심
若有菩薩初發心에

서구당증불보리
誓求當證佛菩提하면

피지공덕무변제
彼之功德無邊際하야

불가칭량무여등
不可稱量無與等이어든

하황무량무변겁
何況無量無邊劫에

구수지도제공덕
具修地度諸功德가

시방일체제여래
十方一切諸如來가

실공칭양불능진
悉共稱揚不能盡이니라

여시무변대공덕
如是無邊大功德을

아금어중설소분
我今於中說少分호리니

비여조족소리공
譬如鳥足所履空이며

역여대지일미진
亦如大地一微塵이니라

만약 보살이 처음 발심함에

맹세코 부처님의 보리를 증득하기를 구하면

그 공덕은 끝이 없어서

헤아릴 수 없고 더불어 같을 것이 없는데

어찌 하물며 한량없고 가없는 겁에

지위와 바라밀을 갖추어 닦은 모든 공덕이리오

시방의 일체 모든 여래께서

다 함께 칭찬하셔도 능히 다함이 없느니라.

이러한 가없는 큰 공덕을

내가 이제 그 가운데 조금만 설하리니

비유하면 새의 발로 밟은 허공과 같고

또한 대지의 한 미진과 같으니라.

보살발의구보리
菩薩發意求菩提가

비시무인무유연
非是無因無有緣이니

어불법승생정신
於佛法僧生淨信일새

이시이생광대심
以是而生廣大心이니라

불구오욕급왕위
不求五欲及王位와

부요자락대명칭
富饒自樂大名稱하고

단위영멸중생고
但爲永滅衆生苦하야

이익세간이발심
利益世間而發心이니라

상욕이락제중생
常欲利樂諸衆生하야

장엄국토공양불
莊嚴國土供養佛하며

수지정법수제지
受持正法修諸智하야

증보리고이발심
證菩提故而發心이니라

보살이 뜻을 내어 보리를 구함은
인이 없고 연이 없는 것이 아니니
불법승에 청정한 믿음을 내므로
이로써 넓고 큰 마음을 내느니라.

오욕과 왕위와 부유함과
자신의 즐거움과 큰 명칭을 구하지 아니하고
다만 중생들의 고통을 영원히 없애어
세간을 이익하게 하려고 발심하느니라.

항상 모든 중생들을 이롭고 즐겁게 하고자
국토를 장엄하고 부처님께 공양올리며
바른 법을 받아 지니고 모든 지혜를 닦아서
보리를 증득하려고 발심하느니라.

심심신해상청정
深心信解常淸淨하야

공경존중일체불
恭敬尊重一切佛하며

어법급승역여시
於法及僧亦如是하야

지성공양이발심
至誠供養而發心이니라

심신어불급불법
深信於佛及佛法하고

역신불자소행도
亦信佛子所行道하며

급신무상대보리
及信無上大菩提하야

보살이시초발심
菩薩以是初發心이니라

신위도원공덕모
信爲道元功德母라

장양일체제선법
長養一切諸善法하며

단제의망출애류
斷除疑網出愛流하야

개시열반무상도
開示涅槃無上道니라

깊은 마음의 믿음과 이해가 항상 청정하여
일체 부처님을 공경하고 존중하며
가르침과 스님에게 또한 그러하여
지성으로 공양하려 발심하느니라.

부처님과 부처님 법을 깊이 믿고
또한 불자들이 행하는 도를 믿으며
위없는 큰 보리를 믿어서
보살이 이로써 처음 발심하느니라.

믿음은 도의 근원이고 공덕의 어머니라
일체 모든 선한 법을 길러내며
의심의 그물 끊고 애욕의 흐름에서 벗어나
열반의 위없는 도를 열어 보이도다.

신무구탁심청정
信無垢濁心淸淨이요

멸제교만공경본
滅除憍慢恭敬本이며

역위법장제일재
亦爲法藏第一財요

위청정수수중행
爲淸淨手受衆行이니라

신능혜시심무린
信能惠施心無吝이요

신능환희입불법
信能歡喜入佛法이며

신능증장지공덕
信能增長智功德이요

신능필도여래지
信能必到如來地니라

신령제근정명리
信令諸根淨明利요

신력견고무능괴
信力堅固無能壞며

신능영멸번뇌본
信能永滅煩惱本이요

신능전향불공덕
信能專向佛功德이니라

믿음은 때묻고 혼탁함이 없어 마음이 청정하고
교만을 없애어 공경의 근본이며
또한 법장의 제일가는 재물이고
청정한 손이 되어 온갖 행을 받도다.

믿음은 능히 은혜를 베풀어 마음에 인색함이 없고
믿음은 능히 환희하여 부처님 법에 들어가며
믿음은 능히 지혜와 공덕을 증장하고
믿음은 능히 여래의 지위에 반드시 이르도다.

믿음은 모든 근을 깨끗하고 밝고 예리하게 하고
믿음은 힘이 견고하여 능히 깨뜨릴 수 없으며
믿음은 능히 번뇌의 근본을 영원히 소멸하며
믿음은 능히 오로지 부처님의 공덕을 향하도다.

신어경계무소착
信於境界無所著이요

원리제난득무난
遠離諸難得無難이며

신능초출중마로
信能超出衆魔路요

시현무상해탈도
示現無上解脫道니라

신위공덕불괴종
信爲功德不壞種이요

신능생장보리수
信能生長菩提樹며

신능증익최승지
信能增益最勝智요

신능시현일체불
信能示現一切佛이니라

시고의행설차제
是故依行說次第인댄

신락최승심난득
信樂最勝甚難得이니

비여일체세간중
譬如一切世間中에

이유수의묘보주
而有隨意妙寶珠니라

믿음은 경계에 집착하는 바가 없고
모든 액난을 멀리 여의어 고난이 없으며
믿음은 온갖 마군의 길에서 능히 벗어나
위없는 해탈도를 나타내 보이도다.

믿음은 공덕의 파괴되지 않는 종자이고
믿음은 능히 보리수를 생장하며
믿음은 능히 가장 수승한 지혜를 더욱 늘이고
믿음은 능히 일체 부처님을 나타내 보이도다.

그러므로 행에 의지하여 차제를 말한다면
믿음의 즐거움이 가장 수승하여 매우 얻기 어려우니
비유하면 일체 세간 가운데
뜻을 따르는 묘한 보배구슬을 가진 것과 같도다.

약상신봉어제불
若常信奉於諸佛이면

즉능지계수학처
則能持戒修學處니

약상지계수학처
若常持戒修學處면

즉능구족제공덕
則能具足諸功德이니라

계능개발보리본
戒能開發菩提本이요

학시근수공덕지
學是勤修功德地니

어계급학상순행
於戒及學常順行이면

일체여래소칭미
一切如來所稱美니라

약상신봉어제불
若常信奉於諸佛이면

즉능흥집대공양
則能興集大供養이니

약능흥집대공양
若能興集大供養이면

피인신불부사의
彼人信佛不思議니라

만약 항상 모든 부처님을 믿고 받들면

곧 능히 계를 지니고 학처를 닦으리니

만약 항상 계를 지니고 학처를 닦으면

곧 능히 모든 공덕을 구족하리라.

계는 능히 보리를 개발하는 근본이고

배움은 공덕을 부지런히 닦는 터전이니

계와 배움을 항상 수순하여 행하면

일체 여래께서 아름답다고 칭찬하시는 바이리라.

만약 항상 모든 부처님을 믿고 받들면

곧 능히 큰 공양을 일으키리니

만약 능히 큰 공양을 일으키면

그 사람은 부처님의 부사의함을 믿으리라.

약상신봉어존법
若常信奉於尊法이면

즉문불법무염족
則聞佛法無厭足이니

약문불법무염족
若聞佛法無厭足이면

피인신법부사의
彼人信法不思議니라

약상신봉청정승
若常信奉淸淨僧이면

즉득신심불퇴전
則得信心不退轉이니

약득신심불퇴전
若得信心不退轉이면

피인신력무능동
彼人信力無能動이니라

약득신력무능동
若得信力無能動이면

즉득제근정명리
則得諸根淨明利니

약득제근정명리
若得諸根淨明利이면

즉능원리악지식
則能遠離惡知識이니라

만약 항상 높은 법을 믿고 받들면

곧 부처님 법을 듣고 만족하여 싫어함이 없으리니

만약 부처님 법을 듣고 만족하여 싫어함이 없으면

그 사람은 법의 부사의함을 믿으리라.

만약 항상 청정한 스님들을 믿고 받들면

곧 신심이 물러나지 않음을 얻으리니

만약 신심이 물러나지 않음을 얻으면

그 사람은 믿음의 힘이 움직이지 아니하리라.

만약 믿음의 힘이 움직이지 아니하면

곧 모든 근이 깨끗하고 밝고 예리하리니

만약 모든 근이 깨끗하고 밝고 예리하면

곧 능히 악지식을 멀리 여의리라.

약능원리악지식
若能遠離惡知識이면

즉득친근선지식
則得親近善知識이니

약득친근선지식
若得親近善知識이면

즉능수집광대선
則能修集廣大善이니라

약능수집광대선
若能修集廣大善이면

피인성취대인력
彼人成就大因力이니

약인성취대인력
若人成就大因力이면

즉득수승결정해
則得殊勝決定解이니라

약득수승결정해
若得殊勝決定解면

즉위제불소호념
則爲諸佛所護念이니

약위제불소호념
若爲諸佛所護念이면

즉능발기보리심
則能發起菩提心이니라

만약 능히 악지식을 멀리 여의면
곧 선지식을 친근하리니
만약 선지식을 친근하면
곧 능히 넓고 큰 선을 닦아 모으리라.

만약 능히 넓고 큰 선을 닦아 모으면
그 사람은 큰 인의 힘을 성취하리니
만약 그 사람이 큰 인의 힘을 성취하면
곧 수승하고 결정한 이해를 얻으리라.

만약 수승하고 결정한 이해를 얻으면
곧 모든 부처님께서 보호해 주시는 바가 되리라.
만약 모든 부처님께서 보호해 주시는 바가 되면
곧 능히 보리심을 일으키리라.

약능발기보리심
若能發起菩提心이면

즉능근수불공덕
則能勤修佛功德이니

약능근수불공덕
若能勤修佛功德이면

즉득생재여래가
則得生在如來家니라

약득생재여래가
若得生在如來家면

즉선수행교방편
則善修行巧方便이니

약선수행교방편
若善修行巧方便이면

즉득신락심청정
則得信樂心淸淨이니라

약득신락심청정
若得信樂心淸淨이면

즉득증상최승심
則得增上最勝心이니

약득증상최승심
若得增上最勝心이면

즉상수습바라밀
則常修習波羅蜜이니라

만약 능히 보리심을 일으키면

곧 능히 부처님의 공덕을 부지런히 닦으리라.

만약 능히 부처님의 공덕을 부지런히 닦으면

곧 여래의 집에 태어나리라.

만약 여래의 집에 태어나면

곧 교묘한 방편을 잘 닦아 행하리라.

만약 교묘한 방편을 잘 닦아 행하면

곧 믿고 즐거워하는 마음이 청정하리라.

만약 믿고 즐거워하는 마음이 청정하면

곧 더욱 더 가장 수승한 마음을 얻으리라.

만약 더욱 더 가장 수승한 마음을 얻으면

곧 항상 바라밀을 닦아 익히리라.

약상수습바라밀
若常修習波羅蜜이면

즉능구족마하연
則能具足摩訶衍이며

약능구족마하연
若能具足摩訶衍이면

즉능여법공양불
則能如法供養佛이니라

약능여법공양불
若能如法供養佛이면

즉능염불심부동
則能念佛心不動이니

약능염불심부동
若能念佛心不動이면

즉상도견무량불
則常覩見無量佛이니라

약상도견무량불
若常覩見無量佛이면

즉견여래체상주
則見如來體常住이니라

약견여래체상주
若見如來體常住면

즉능지법영불멸
則能知法永不滅이니라

만약 항상 바라밀을 닦아 익히면
곧 능히 대승법을 구족하리라.
만약 능히 대승법을 구족하면
곧 능히 여법하게 부처님께 공양올리리라.

만약 능히 여법하게 부처님께 공양올리면
곧 능히 부처님을 생각하는 마음이 움직이지 아니하리라.
만약 능히 부처님을 생각하는 마음이 움직이지 아니하면
곧 항상 한량없는 부처님을 친견하리라.

만약 항상 한량없는 부처님을 친견하면
곧 여래의 본체가 상주하심을 보리라.
만약 여래의 본체가 상주하심을 보면
곧 능히 법이 영원히 없어지지 아니함을 알리라.

약능지법영불멸
若能知法永不滅이면

즉득변재무장애
則得辯才無障礙니라

약득변재무장애
若得辯才無障礙면

즉능개연무변법
則能開演無邊法이니라

약능개연무변법
若能開演無邊法이면

즉능자민도중생
則能慈愍度衆生이니라

약능자민도중생
若能慈愍度衆生이면

즉득견고대비심
則得堅固大悲心이니라

약득견고대비심
若得堅固大悲心이면

즉능애락심심법
則能愛樂甚深法이니라

약능애락심심법
若能愛樂甚深法이면

즉능사리유위과
則能捨離有爲過니라

만약 능히 법이 영원히 없어지지 아니함을 알면
곧 변재가 걸림 없음을 얻으리라.
만약 능히 변재가 걸림 없음을 얻으면
곧 능히 가없는 법을 연설하리라.

만약 능히 가없는 법을 연설하면
곧 능히 자비와 애민으로 중생을 제도하리라.
만약 능히 자비와 애민으로 중생을 제도하면
곧 견고한 대비심을 얻으리라.

만약 견고한 대비심을 얻으면
곧 능히 매우 깊은 법을 좋아하고 즐기리라.
만약 능히 매우 깊은 법을 좋아하고 즐기면
곧 능히 유위의 허물을 버리고 여의리라.

약능사리유위과
若能捨離有爲過면

즉리교만급방일
則離憍慢及放逸이니라

약리교만급방일
若離憍慢及放逸이면

즉능겸리일체중
則能兼利一切衆이니라

약능겸리일체중
若能兼利一切衆이면

즉처생사무피염
則處生死無疲厭이니라

약처생사무피염
若處生死無疲厭이면

즉능용건무능승
則能勇健無能勝이니라

약능용건무능승
若能勇健無能勝이면

즉능발기대신통
則能發起大神通이니라

약능발기대신통
若能發起大神通이면

즉지일체중생행
則知一切衆生行이니라

만약 능히 유위의 허물을 버리고 여의면
곧 교만과 방일을 여의리라.
만약 교만과 방일을 여의면
곧 능히 겸하여 일체 중생을 이롭게 하리라.

만약 능히 겸하여 일체 중생을 이롭게 하면
곧 생사에 처하여도 피로해 하거나 싫어함이 없으리라.
만약 생사에 처하여도 피로해 하거나 싫어함이 없으면
곧 능히 용맹하고 강건하여 이길 이가 없으리라.

만약 능히 용맹하고 강건하여 이길 이가 없으면
곧 능히 큰 신통을 일으키리라.
만약 능히 큰 신통을 일으키면
곧 일체 중생의 행을 알리라.

약 지 일 체 중 생 행
若知一切衆生行이면

즉 능 성 취 제 군 생
則能成就諸群生이니라

약 능 성 취 제 군 생
若能成就諸群生이면

즉 득 선 섭 중 생 지
則得善攝衆生智니라

약 득 선 섭 중 생 지
若得善攝衆生智면

즉 능 성 취 사 섭 법
則能成就四攝法이니라

약 능 성 취 사 섭 법
若能成就四攝法이면

즉 여 중 생 무 한 리
則與衆生無限利니라

약 여 중 생 무 한 리
若與衆生無限利면

즉 구 최 승 지 방 편
則具最勝智方便이니라

약 구 최 승 지 방 편
若具最勝智方便이면

즉 주 용 맹 무 상 도
則住勇猛無上道니라

만약 일체 중생의 행을 알면

곧 능히 모든 군생들을 성취하리라.

만약 능히 모든 군생들을 성취하면

곧 중생들을 잘 거두어주는 지혜를 얻으리라.

만약 중생들을 잘 거두어주는 지혜를 얻으면

곧 능히 사섭법을 성취하리라.

만약 능히 사섭법을 성취하면

곧 중생들에게 한없는 이익을 주리라.

만약 중생들에게 한없는 이익을 주면

곧 가장 수승한 지혜 방편을 갖추리라.

만약 가장 수승한 지혜 방편을 갖추면

곧 용맹한 위없는 도에 머무르리라.

약주용맹무상도
若住勇猛無上道면

즉능최진제마력
則能摧殄諸魔力이니라

약능최진제마력
若能摧殄諸魔力이면

즉능초출사마경
則能超出四魔境이니라

약능초출사마경
若能超出四魔境이면

즉득지어불퇴지
則得至於不退地니라

약득지어불퇴지
若得至於不退地면

즉득무생심법인
則得無生深法忍이니라

약득무생심법인
若得無生深法忍이면

즉위제불소수기
則爲諸佛所授記니라

약위제불소수기
若爲諸佛所授記면

즉일체불현기전
則一切佛現其前이니라

만약 용맹한 위없는 도에 머무르면
곧 능히 모든 마군의 힘을 꺾어 없애리라.
만약 능히 모든 마군의 힘을 꺾어 없애면
곧 능히 네 가지 마의 경계를 벗어나리라.

만약 능히 네 가지 마의 경계를 벗어나면
곧 물러나지 않는 지위에 이르리라.
만약 물러나지 않는 지위에 이르면
곧 남이 없는 깊은 법인을 얻으리라.

만약 남이 없는 깊은 법인을 얻으면
곧 모든 부처님의 수기하시는 바가 되리라.
만약 모든 부처님의 수기하시는 바가 되면
곧 일체 부처님께서 그 앞에 나타나시리라.

약일체불현기전
若一切佛現其前이면

즉요신통심밀용
則了神通深密用이니라

약요신통심밀용
若了神通深密用이면

즉위제불소억념
則爲諸佛所憶念이니라

약위제불소억념
若爲諸佛所憶念이면

즉이불덕자장엄
則以佛德自莊嚴이니라

약이불덕자장엄
若以佛德自莊嚴이면

즉획묘복단엄신
則獲妙福端嚴身이니라

약획묘복단엄신
若獲妙福端嚴身이면

즉신황요여금산
則身晃耀如金山이니라

약신황요여금산
若身晃耀如金山이면

즉상장엄삼십이
則相莊嚴三十二니라

만약 일체 부처님께서 그 앞에 나타나시면

곧 신통의 깊고 비밀한 작용을 요달하리라.

만약 신통의 깊고 비밀한 작용을 요달하면

곧 모든 부처님의 기억하고 생각하시는 바가 되리라.

만약 모든 부처님의 기억하고 생각하시는 바가 되면

곧 부처님의 공덕으로써 스스로 장엄하리라.

만약 부처님의 공덕으로써 스스로 장엄하면

곧 묘한 복으로 단엄한 몸을 얻으리라.

만약 묘한 복으로 단엄한 몸을 얻으면

곧 몸이 금산과 같이 찬란하리라.

만약 몸이 금산과 같이 찬란하면

곧 삼십이상으로 장엄하리라.

약상장엄삼십이
若相莊嚴三十二면

즉구수호위엄식
則具隨好爲嚴飾이니라

약구수호위엄식
若具隨好爲嚴飾이면

즉신광명무한량
則身光明無限量이니라

약신광명무한량
若身光明無限量이면

즉부사의광장엄
則不思議光莊嚴이니라

약부사의광장엄
若不思議光莊嚴이면

기광즉출제연화
其光則出諸蓮華니라

기광약출제연화
其光若出諸蓮華면

즉무량불좌화상
則無量佛坐華上이니라

시현시방미불변
示現十方靡不徧하야

실능조복제중생
悉能調伏諸衆生하나니

만약 삼십이상으로 장엄하면
곧 수호상을 갖추어 장식하리라.
만약 수호상을 갖추어 장식하면
곧 몸의 광명이 한량없으리라.

만약 몸의 광명이 한량없으면
곧 부사의한 광명으로 장엄하리라.
만약 부사의한 광명으로 장엄하면
그 광명이 곧 모든 연꽃을 피우리라.

그 광명이 만약 모든 연꽃을 피우면
곧 한량없는 부처님께서 연꽃 위에 앉으셔서
시방에 나타내 보이심이 두루하지 않음이 없어
모든 중생들을 다 능히 조복하시리라.

약능여시조중생
若能如是調衆生이면

즉현무량신통력
則現無量神通力이니라

약현무량신통력
若現無量神通力이면

즉주불가사의토
則住不可思議土하고

연설불가사의법
演說不可思議法하야

영부사의중환희
令不思議衆歡喜니라

약설불가사의법
若說不可思議法하야

영부사의중환희
令不思議衆歡喜면

즉이지혜변재력
則以智慧辯才力으로

수중생심이화유
隨衆生心而化誘니라

만약 능히 이와 같이 중생들을 조복하시면
곧 한량없는 신통력을 나타내리라.

만약 한량없는 신통력을 나타내면
곧 불가사의한 국토에 머무르고
불가사의한 법을 연설하여
부사의한 중생을 환희케 하리라.

만약 불가사의한 법을 연설하여
부사의한 중생을 환희케 하면
곧 지혜와 변재의 힘으로
중생의 마음을 따라 교화하리라.

약 이 지 혜 변 재 력
若以智慧辯才力으로

수 중 생 심 이 화 유
隨衆生心而化誘면

즉 이 지 혜 위 선 도
則以智慧爲先導하야

신 어 의 업 항 무 실
身語意業恒無失이니라

약 이 지 혜 위 선 도
若以智慧爲先導하야

신 어 의 업 항 무 실
身語意業恒無失이면

즉 기 원 력 득 자 재
則其願力得自在하야

보 수 제 취 이 현 신
普隨諸趣而現身이니라

약 기 원 력 득 자 재
若其願力得自在하야

보 수 제 취 이 현 신
普隨諸趣而現身이면

즉 능 위 중 설 법 시
則能爲衆說法時에

음 성 수 류 난 사 의
音聲隨類難思議니라

만약 지혜와 변재의 힘으로
중생의 마음을 따라 교화하면
곧 지혜로 앞장서서 인도함을 삼아
몸과 말과 뜻의 업에 항상 잘못이 없으리라.

만약 지혜로 앞장서서 인도함을 삼아
몸과 말과 뜻의 업에 항상 잘못이 없으면
곧 그 원력이 자재함을 얻어서
널리 모든 갈래를 따라 몸을 나타내리라.

만약 그 원력이 자재함을 얻어서
널리 모든 갈래를 따라 몸을 나타내면
곧 능히 중생들을 위해 법을 설할 때에
음성이 부류 따름을 사의하기 어려우리라.

약능위중설법시　　　　음성수류난사의
若能爲衆說法時에　　　音聲隨類難思議면

즉어일체중생심　　　　일념실지무유여
則於一切衆生心에　　　一念悉知無有餘니라

약어일체중생심　　　　일념실지무유여
若於一切衆生心에　　　一念悉知無有餘면

즉지번뇌무소기　　　　영불몰닉어생사
則知煩惱無所起하야　　永不沒溺於生死니라

약지번뇌무소기　　　　영불몰닉어생사
若知煩惱無所起하야　　永不沒溺於生死면

즉획공덕법성신　　　　이법위력현세간
則獲功德法性身하야　　以法威力現世間이니라

만약 능히 중생을 위하여 법을 설할 때에

음성이 부류 따름을 사의하기 어려우면

곧 일체 중생의 마음을

한 생각에 남김없이 모두 알리라.

만약 일체 중생의 마음을

한 생각에 남김없이 모두 알면

곧 번뇌가 일어나는 바가 없음을 알아

길이 생사에 빠지지 아니하리라.

만약 번뇌가 일어나는 바가 없음을 알아

길이 생사에 빠지지 아니하면

곧 공덕의 법성신을 얻어서

법의 위력으로 세간에 나타나리라.

약획공덕법성신
若獲功德法性身하야

이법위력현세간
以法威力現世間이면

즉획십지십자재
則獲十地十自在하야

수행제도승해탈
修行諸度勝解脫이니라

약획십지십자재
若獲十地十自在하야

수행제도승해탈
修行諸度勝解脫이면

즉획관정대신통
則獲灌頂大神通하야

주어최승제삼매
住於最勝諸三昧니라

약획관정대신통
若獲灌頂大神通하야

주어최승제삼매
住於最勝諸三昧면

즉어시방제불소
則於十方諸佛所에

응수관정이승위
應受灌頂而昇位니라

만약 공덕의 법성신을 얻어서

법의 위력으로 세간에 나타나면

곧 십지와 십자재를 얻어서

모든 바라밀을 수행하여 해탈이 수승해지리라.

만약 십지와 십자재를 얻어서

모든 바라밀을 수행하여 해탈이 수승해지면

곧 관정하는 큰 신통을 얻어서

가장 수승한 모든 삼매에 머무르리라.

만약 관정하는 큰 신통을 얻어서

가장 수승한 모든 삼매에 머무르면

곧 시방의 모든 부처님 처소에서

마땅히 관정을 받아 지위에 오르리라.

약어시방제불소
若於十方諸佛所에

응수관정이승위
應受灌頂而昇位면

즉몽시방일체불
則蒙十方一切佛이

수이감로관기정
手以甘露灌其頂이니라

약몽시방일체불
若蒙十方一切佛이

수이감로관기정
手以甘露灌其頂이면

즉신충변여허공
則身充徧如虛空하야

안주부동만시방
安住不動滿十方이니라

약신충변여허공
若身充徧如虛空하야

안주부동만시방
安住不動滿十方이면

즉피소행무여등
則彼所行無與等하야

제천세인막능지
諸天世人莫能知니라

만약 시방의 모든 부처님 처소에서
마땅히 관정을 받아 지위에 오르면
곧 시방의 일체 부처님께서
손수 감로로 관정해 주심을 입으리라.

만약 시방의 일체 부처님께서
손수 감로로 관정하여 주심을 입으면
곧 몸이 허공과 같이 두루 충만하여
안주해 움직이지 않고 시방에 가득하리라.

만약 몸이 허공과 같이 두루 충만하여
안주해 움직이지 않고 시방에 가득하면
곧 그 행하는 바가 더불어 같을 이 없어
모든 천신과 세상 사람들이 능히 알지 못하리라.

보살근수대비행
菩薩勤修大悲行하야

원도일체무불과
願度一切無不果일새

견문청수약공양
見聞聽受若供養이면

미불개영획안락
靡不皆令獲安樂이니라

피제대사위신력
彼諸大士威神力으로

법안상전무결감
法眼常全無缺減하야

십선묘행등제도
十善妙行等諸道의

무상승보개영현
無上勝寶皆令現이니라

비여대해금강취
譬如大海金剛聚가

이피위력생중보
以彼威力生衆寶호대

무감무증역무진
無減無增亦無盡인달하야

보살공덕취역연
菩薩功德聚亦然이니라

보살이 부지런히 대비행을 닦아서
일체 중생을 제도하는 원을 다 이루어
보고 듣고 받아들여 만약 공양올리면
모두 안락을 얻게 하지 못함이 없으리라.

저 모든 대사들의 위신력으로
법안이 항상 온전하여 모자람이 없어서
십선 묘행 등 모든 길의
위없는 수승한 보배가 모두 나타나게 하니라.

비유하면 큰 바다의 금강 무더기가
그 위력으로 온갖 보배를 내되
덜함도 없고 더함도 없고 또한 다함도 없듯이
보살의 공덕 무더기도 그러하니라.

혹유찰토무유불
或有刹土無有佛이어든

어피시현성정각
於彼示現成正覺하며

혹유국토부지법
或有國土不知法이어든

어피위설묘법장
於彼爲說妙法藏이니라

무유분별무공용
無有分別無功用하야

어일념경변시방
於一念頃徧十方호대

여월광영미부주
如月光影靡不周하야

무량방편화군생
無量方便化群生이니라

어피시방세계중
於彼十方世界中에

염념시현성불도
念念示現成佛道하야

전정법륜입적멸
轉正法輪入寂滅하며

내지사리광분포
乃至舍利廣分布니라

혹 어떤 찰토에 부처님이 안 계시면
거기에 시현하여 정각을 이루고
혹 어떤 국토에서 법을 알지 못하면
그곳에서 묘한 법장을 설하도다.

분별도 없고 공용도 없어서
한 생각 동안 시방에 두루하되
마치 달빛이 두루하지 않음이 없듯이
한량없는 방편으로 군생들을 교화하도다.

그 시방 세계 가운데서
생각생각 시현하여 불도를 이루고
바른 법륜을 굴리고 적멸에 들며
내지 사리를 널리 분포하도다.

혹현성문독각도
或現聲聞獨覺道하고

혹현성불보장엄
或現成佛普莊嚴하야

여시개천삼승교
如是開闡三乘敎하야

광도중생무량겁
廣度衆生無量劫이니라

혹현동남동녀형
或現童男童女形과

천룡급이아수라
天龍及以阿脩羅와

내지마후라가등
乃至摩睺羅伽等하야

수기소락실령견
隨其所樂悉令見이니라

중생형상각부동
衆生形相各不同이요

행업음성역무량
行業音聲亦無量이어늘

여시일체개능현
如是一切皆能現하나니

해인삼매위신력
海印三昧威神力이니라

혹은 성문과 독각의 도를 나타내고
혹은 성불하여 널리 장엄함을 나타내어
이와 같이 삼승 가르침을 열어서
한량없는 겁에 중생을 널리 제도하도다.

혹은 동남동녀의 모습과
천신과 용과 아수라와
내지 마후라가 등을 나타내어
그들이 즐기는 바를 따라서 다 보게 하도다.

중생들의 형상이 각각 같지 아니하고
행업과 음성도 한량없는데
이와 같은 일체를 다 능히 나타내니
해인삼매의 위신력이로다.

엄정불가사의찰
嚴淨不可思議刹하고

공양일체제여래
供養一切諸如來하며

방대광명무유변
放大光明無有邊하고

도탈중생역무한
度脫衆生亦無限이니라

지혜자재부사의
智慧自在不思議요

설법언사무유애
說法言辭無有礙라

시계인진급선정
施戒忍進及禪定과

지혜방편신통등
智慧方便神通等이여

여시일체개자재
如是一切皆自在가

이불화엄삼매력
以佛華嚴三昧力이니라

불가사의한 세계를 깨끗이 장엄하고
일체 모든 여래께 공양올리며
큰 광명을 놓음이 끝이 없어서
중생들을 제도함도 또한 한이 없도다.

지혜가 자재하여 부사의하고
법을 설하는 말씀도 걸림이 없어
보시와 지계와 인욕과 정진과 선정과
지혜와 방편과 신통 등이여,

이와 같은 일체에 다 자재함이
부처님의 화엄삼매의 힘이로다.

일미진중입삼매
一微塵中入三昧하야

성취일체미진정
成就一切微塵定호대

이피미진역부증
而彼微塵亦不增하고

어일보현난사찰
於一普現難思刹이니라

피일진내중다찰
彼一塵內衆多刹이

혹유유불혹무불
或有有佛或無佛하며

혹유잡염혹청정
或有雜染或淸淨하며

혹유광대혹협소
或有廣大或狹小니라

혹부유성혹유괴
或復有成或有壞하며

혹유정주혹방주
或有正住或傍住하며

혹여광야열시염
或如曠野熱時燄하고

혹여천상인다망
或如天上因陀網이니라

한 미진 가운데서 삼매에 들어
일체 미진에서 삼매를 성취하되
그 미진도 또한 증가함이 없고
하나에서 사의하기 어려운 세계를 널리 나타내도다.

그 한 티끌 속의 온갖 많은 세계가
혹 어떤 곳은 부처님 계시고 혹은 부처님 안 계시며
혹 어떤 곳은 잡되고 물들며 혹은 청정하고
혹 어떤 곳은 넓고 크며 혹은 좁고 작으니라.

혹은 다시 이루어지고 혹은 무너지며
혹은 바르게 머무르고 혹은 곁에서 머무르며
혹은 광야의 아지랑이 같고
혹은 천상의 인다라망 같으니라.

여일진중소시현
如一塵中所示現하야

일체미진실역연
一切微塵悉亦然하니

차대명칭제성인
此大名稱諸聖人의

삼매해탈신통력
三昧解脫神通力이니라

약욕공양일체불
若欲供養一切佛인댄

입우삼매기신변
入于三昧起神變하야

능이일수변삼천
能以一手徧三千하야

보공일체제여래
普供一切諸如來니라

시방소유승묘화
十方所有勝妙華와

도향말향무가보
塗香末香無價寶를

여시개종수중출
如是皆從手中出하야

공양도수제최승
供養道樹諸最勝이니라

한 티끌 가운데 나타내 보인 바와 같이
일체 미진에도 다 또한 그러하니
이것이 큰 명칭의 모든 성인의
삼매와 해탈과 신통의 힘이로다.

만약 일체 부처님께 공양올리고자 한다면
삼매에 들어가서 신통변화를 일으켜
능히 한 손으로 삼천세계에 두루하여
널리 일체 모든 여래께 공양올릴지니라.

시방에 있는 수승하고 묘한 꽃과
바르는 향과 가루 향과 값을 매길 수 없는 보배 등
이러한 것을 다 손 가운데서 내어
모든 가장 수승한 보리수에 공양올리니라.

무가보의잡묘향
無價寶衣雜妙香과

보당번개개엄호
寶幢幡蓋皆嚴好와

진금위화보위장
眞金爲華寶爲帳을

막불개종장중우
莫不皆從掌中雨니라

시방소유제묘물
十方所有諸妙物을

응가봉헌무상존
應可奉獻無上尊일새

장중실우무불비
掌中悉雨無不備하야

보리수전지공불
菩提樹前持供佛이니라

시방일체제기악
十方一切諸妓樂과

종고금슬비일류
鐘鼓琴瑟非一類가

실주화아묘음성
悉奏和雅妙音聲호대

미불종어장중출
靡不從於掌中出이니라

값을 매길 수 없는 보배 옷과 온갖 묘한 향과

보배 깃대와 번과 일산과 모든 장엄과

진금으로 된 꽃과 보배로 된 휘장을

모두 손바닥 가운데서 비내리도다.

시방에 있는 모든 묘한 물건을

마땅히 가장 존귀한 분께 받들어 바치니

손바닥 가운데서 모두 갖추어 비내려

보리수 앞에서 가져 부처님께 공양올리니라.

시방의 일체 모든 기악과

종과 북과 거문고와 비파 등 한 종류가 아닌 것이

다 온화하고 아름답고 묘한 음악을 연주하니

손바닥 가운데서 나오지 않음이 없도다.

시방소유제찬송
十方所有諸讚頌으로

칭탄여래실공덕
稱歎如來實功德호대

여시종종묘언사
如是種種妙言辭를

개종장내이개연
皆從掌內而開演이니라

보살우수방정광
菩薩右手放淨光하니

광중향수종공우
光中香水從空雨하야

보쇄시방제불토
普灑十方諸佛土하야

공양일체조세등
供養一切照世燈이니라

우방광명묘장엄
又放光明妙莊嚴하야

출생무량보연화
出生無量寶蓮華하니

기화색상개수묘
其華色相皆殊妙라

이차공양어제불
以此供養於諸佛이니라

시방에 있는 모든 찬탄하는 게송으로
여래의 참된 공덕을 일컬어 찬탄하되
이와 같은 갖가지 묘한 말들을
모두 손바닥 안에서 연출하니라.

보살이 오른손으로 청정한 광명을 놓으니
광명 가운데 향수가 허공에서 비내려
널리 시방의 모든 부처님 국토에 뿌려서
일체 세간을 비추는 등불에 공양올리니라.

또 광명을 놓아서 미묘하게 장엄하여
한량없는 보배 연꽃을 출생하니
그 꽃의 색상이 모두 특히 묘한지라
이것으로 모든 부처님께 공양올리니라.

우방광명화장엄
又放光明華莊嚴하니

종종묘화집위장
種種妙華集爲帳이라

보산시방제국토
普散十方諸國土하야

공양일체대덕존
供養一切大德尊이니라

우방광명향장엄
又放光明香莊嚴하니

종종묘향집위장
種種妙香集爲帳이라

보산시방제국토
普散十方諸國土하야

공양일체대덕존
供養一切大德尊이니라

우방광명말향엄
又放光明末香嚴하니

종종말향취위장
種種末香聚爲帳이라

보산시방제국토
普散十方諸國土하야

공양일체대덕존
供養一切大德尊이니라

또 광명을 놓아서 꽃으로 장엄하니

갖가지 묘한 꽃이 모여 휘장이 되는지라

널리 시방의 모든 국토에 흩어서

일체 대덕존께 공양올리니라.

또 광명을 놓아서 향으로 장엄하니

갖가지 묘한 향이 모여 휘장이 되는지라

널리 시방의 모든 국토에 흩어서

일체 대덕존께 공양올리니라.

또 광명을 놓아서 가루 향으로 장엄하니

갖가지 가루 향이 모여 휘장이 되는지라

널리 시방의 모든 국토에 흩어서

일체 대덕존께 공양올리니라.

우방광명의장엄
又放光明衣莊嚴하니

종종명의집위장
種種名衣集爲帳이라

보산시방제국토
普散十方諸國土하야

공양일체대덕존
供養一切大德尊이니라

우방광명보장엄
又放光明寶莊嚴하니

종종묘보집위장
種種妙寶集爲帳이라

보산시방제국토
普散十方諸國土하야

공양일체대덕존
供養一切大德尊이니라

우방광명연장엄
又放光明蓮莊嚴하니

종종연화집위장
種種蓮華集爲帳이라

보산시방제국토
普散十方諸國土하야

공양일체대덕존
供養一切大德尊이니라

또 광명을 놓아서 옷으로 장엄하니
갖가지 이름의 옷이 모여 휘장이 되는지라
널리 시방의 모든 국토에 흩어서
일체 대덕존께 공양올리니라.

또 광명을 놓아서 보배로 장엄하니
갖가지 묘한 보배가 모여 휘장이 되는지라
널리 시방의 모든 국토에 흩어서
일체 대덕존께 공양올리니라.

또 광명을 놓아서 연꽃으로 장엄하니
갖가지 연꽃이 모여 휘장이 되는지라
널리 시방의 모든 국토에 흩어서
일체 대덕존께 공양올리니라.

우방광명영장엄
又放光明瓔莊嚴하니

종종묘영집위장
種種妙瓔集爲帳이라

보산시방제국토
普散十方諸國土하야

공양일체대덕존
供養一切大德尊이니라

우방광명당장엄
又放光明幢莊嚴하니

기당현환비중색
其幢絢煥備衆色하야

종종무량개수호
種種無量皆殊好라

이차장엄제불토
以此莊嚴諸佛土니라

종종잡보장엄개
種種雜寶莊嚴蓋에

중묘증번공수식
衆妙繪幡共垂飾하며

마니보탁연불음
摩尼寶鐸演佛音이어든

집지공양제여래
執持供養諸如來니라

또 광명을 놓아서 영락으로 장엄하니
갖가지 묘한 영락이 모여 휘장이 되는지라
널리 시방의 모든 국토에 흩어서
일체 대덕존께 공양올리니라.

또 광명을 놓아서 깃대로 장엄하니
그 깃대가 밝게 빛나 온갖 색을 갖추어서
갖가지가 한량없이 다 특히 아름다운지라
이로써 모든 부처님 국토를 장엄하니라.

갖가지 온갖 보배로 장엄한 일산에
온갖 묘한 비단 깃발을 함께 드리워 장식하고
마니보배 방울에서 부처님 음성을 펴니
가져서 모든 여래께 공양올리니라.

수출공구난사의
手出供具難思議하야

여시공양일도사
如是供養一導師어든

일체불소개여시
一切佛所皆如是하니

대사삼매신통력
大士三昧神通力이니라

보살주재삼매중
菩薩住在三昧中하야

종종자재섭중생
種種自在攝衆生일새

실이소행공덕법
悉以所行功德法인

무량방편이개유
無量方便而開誘호되

혹이공양여래문
或以供養如來門하고

혹이난사보시문
或以難思布施門하며

혹이두타지계문
或以頭陀持戒門하고

혹이부동감인문
或以不動堪忍門하며

손이 내는 사의하기 어려운 공양구로
이와 같이 한 도사께 공양올리는데
일체 부처님 처소에도 다 이와 같이 하니
대사의 삼매의 신통력이로다.

보살이 삼매 가운데 머물러 있으면서
갖가지로 자재하게 중생들을 섭수하니
모두 행하는 바 공덕의 법인
한량없는 방편으로 이끌어 들이도다.

혹은 여래께 공양올리는 문으로써 하고
혹은 사의하기 어려운 보시의 문으로써 하며
혹은 두타행인 지계의 문으로써 하고
혹은 움직이지 않는 감인의 문으로써 하니라.

혹이고행정진문
或以苦行精進門하고

혹이적정선정문
或以寂靜禪定門하며

혹이결요지혜문
或以決了智慧門하고

혹이소행방편문
或以所行方便門하며

혹이범주신통문
或以梵住神通門하고

혹이사섭이익문
或以四攝利益門하며

혹이복지장엄문
或以福智莊嚴門하고

혹이인연해탈문
或以因緣解脫門하며

혹이근력정도문
或以根力正道門하고

혹이성문해탈문
或以聲聞解脫門하며

혹이독각청정문
或以獨覺淸淨門하고

혹이대승자재문
或以大乘自在門하며

혹은 고행 정진의 문으로써 하고

혹은 적정 선정의 문으로써 하며

혹은 분명하게 아는 지혜의 문으로써 하고

혹은 행하는 바 방편의 문으로써 하니라.

혹은 청정하게 머무르는 신통의 문으로써 하고

혹은 네 가지로 섭수하는 이익의 문으로써 하며

혹은 복과 지혜로 장엄하는 문으로써 하고

혹은 인연으로 해탈하는 문으로써 하니라.

혹은 근과 력과 정도의 문으로써 하고

혹은 성문의 해탈의 문으로써 하며

혹은 독각의 청정한 문으로써 하고

혹은 대승의 자재한 문으로써 하니라.

혹이무상중고문
或以無常衆苦門하고

혹이무아수자문
或以無我壽者門하며

혹이부정이욕문
或以不淨離欲門하고

혹이멸진삼매문
或以滅盡三昧門이니라

수제중생병부동
隨諸衆生病不同하야

실이법약이대치
悉以法藥而對治하고

수제중생심소락
隨諸衆生心所樂하야

실이방편이만족
悉以方便而滿足하며

수제중생행차별
隨諸衆生行差別하야

실이선교이성취
悉以善巧而成就하니

여시삼매신통상
如是三昧神通相을

일체천인막능측
一切天人莫能測이니라

혹은 무상한 온갖 고통의 문으로써 하고
혹은 '아'와 '수자'가 없는 문으로써 하며
혹은 청정하지 못하여 욕망을 여의는 문으로써 하고
혹은 멸하여 다하는 삼매의 문으로써 하니라.

모든 중생들의 병이 같지 아니함을 따라서
다 법약으로써 대하여 치료하고
모든 중생들의 마음에 즐기는 바를 따라서
다 방편으로써 만족케 하니라.

모든 중생들의 행이 차별함을 따라서
모두 훌륭한 방편으로 성취하니
이와 같은 삼매의 신통한 모습을
일체 천신과 사람이 능히 측량할 수 없도다.

유묘삼매명수락
有妙三昧名隨樂이니

보살주차보관찰
菩薩住此普觀察하고

수의시현도중생
隨宜示現度衆生하야

실사환심종법화
悉使歡心從法化니라

겁중기근재난시
劫中饑饉災難時에

실여세간제락구
悉與世間諸樂具호되

수기소욕개영만
隨其所欲皆令滿하야

보위중생작요익
普爲衆生作饒益이니라

혹이음식상호미
或以飮食上好味와

보의엄구중묘물
寶衣嚴具衆妙物하며

내지왕위개능사
乃至王位皆能捨하야

영호시자실종화
令好施者悉從化니라

묘한 삼매가 있으니 이름이 수락이라
보살이 여기에 머물러 널리 관찰하고
마땅함을 따라 나타내 보여서 중생들을 제도하여
다 환희하는 마음으로 법의 교화를 따르게 하도다.

겁 동안 기근과 재난을 당했을 때
세간의 모든 즐길거리를 다 주어서
그 하고자 하는 바를 따라 모두 만족케 하여
널리 중생들을 위하여 이익을 짓도다.

혹은 가장 좋은 맛의 음식과
보배 옷과 장엄거리와 온갖 묘한 물건으로 하며
내지 왕위까지 모두 능히 버려서
베풀기를 좋아하는 이들이 다 교화를 따르게 하니라.

혹이상호장엄신
或以相好莊嚴身과

상묘의복보영락
上妙衣服寶瓔珞과

화만위식향도체
華鬘爲飾香塗體하야

위의구족도중생
威儀具足度衆生이니라

일체세간소호상
一切世間所好尙인

색상안용급의복
色相顏容及衣服을

수응보현협기심
隨應普現愜其心하야

비락색자개종도
俾樂色者皆從道니라

가릉빈가미묘음
迦陵頻伽美妙音과

구지라등묘음성
俱枳羅等妙音聲과

종종범음개구족
種種梵音皆具足하야

수기심락위설법
隨其心樂爲說法이니라

혹은 상호로 장엄한 몸과

가장 묘한 의복과 보배 영락과

화만으로 장식하고 향을 몸에 발라서

위의를 구족하여 중생들을 제도하니라.

일체 세간이 좋아하고 숭상하는 바인

색상과 얼굴과 의복을

마땅함을 따라 그 마음에 맞추어 널리 나타내어서

색상을 즐기는 이들이 다 도를 따르게 하니라.

가릉빈가의 아름답고 묘한 소리와

구지라 등의 묘한 음성과

갖가지 범음을 다 구족하여

그 마음에 즐거워함을 따라서 법을 설하도다.

팔만사천제법문
八萬四千諸法門이여

제불이차도중생
諸佛以此度衆生이실새

피역여기차별법
彼亦如其差別法하야

수세소의이화도
隨世所宜而化度니라

중생고락이쇠등
衆生苦樂利衰等과

일체세간소작법
一切世間所作法을

실능응현동기사
悉能應現同其事하야

이차보도제중생
以此普度諸衆生이니라

일체세간중고환
一切世間衆苦患이

심광무애여대해
深廣無涯如大海어늘

여피동사실능인
與彼同事悉能忍하야

영기이익득안락
令其利益得安樂이니라

팔만 사천의 모든 법문이여
모든 부처님께서 이로써 중생을 제도하시니
그들도 또한 그와 같은 차별한 법으로
세간의 마땅한 바를 따라서 교화하여 제도하니라.

중생들의 고통과 즐거움과 이익과 손해 등과
일체 세간에서 짓는 바 법을
다 능히 맞추어 나타내어서 그 일을 함께 하여
이로써 모든 중생들을 널리 제도하니라.

일체 세간의 온갖 고통과 근심이
깊고 넓어 끝이 없음이 큰 바다와 같은데
그들과 더불어 일을 함께 하여 다 능히 참아서
그들로 하여금 이익되고 안락을 얻게 하니라.

약유불식출리법
若有不識出離法하야

불구해탈이훤궤
不求解脫離諠憒면

보살위현사국재
菩薩爲現捨國財하고

상락출가심적정
常樂出家心寂靜이니라

가시탐애계박소
家是貪愛繫縛所니

욕사중생실면리
欲使衆生悉免離일새

고시출가득해탈
故示出家得解脫하야

어제욕락무소수
於諸欲樂無所受니라

보살시행십종행
菩薩示行十種行하며

역행일체대인법
亦行一切大人法과

제선행등실무여
諸仙行等悉無餘하나니

위욕이익중생고
爲欲利益衆生故니라

만약 어떤 이가 벗어나 여의는 법을 알지 못해서
해탈하여 시끄러움 떠남을 구하지 아니하면
보살이 위하여 국토와 재물을 버리고
항상 출가를 좋아하고 마음이 적정함을 나타내니라.

집은 탐욕과 애욕이 얽히는 곳이니
중생들이 다 면하고 여의게 하고자
그러므로 출가하여 해탈을 얻어서
모든 욕락에서 받을 바가 없음을 보이니라.

보살이 열 가지 행을 행하여 보이고
또한 일체 대인의 법과
모든 선인의 행 등을 다 남김없이 행하니
중생들을 이익케 하고자 하는 까닭이니라.

약유중생수무량
若有衆生壽無量하야

번뇌미세락구족
煩惱微細樂具足이면

보살어중득자재
菩薩於中得自在하야

시수노병사중환
示受老病死衆患이니라

혹유탐욕진에치
或有貪欲瞋恚痴하야

번뇌맹화상치연
煩惱猛火常熾然이면

보살위현노병사
菩薩爲現老病死하야

영피중생실조복
令彼衆生悉調伏이니라

여래십력무소외
如來十力無所畏와

급이십팔불공법
及以十八不共法과

소유무량제공덕
所有無量諸功德을

실이시현도중생
悉以示現度衆生이니라

만약 어떤 중생이 수명이 한량없어
번뇌는 미세하고 즐거움이 구족하면
보살이 그 가운데 자재함을 얻어서
늙고 병들고 죽는 온갖 근심 받음을 보이니라.

혹은 탐욕과 성냄과 어리석음이 있어서
번뇌의 맹렬한 불길이 항상 치성하면
보살이 위하여 늙고 병들고 죽음을 나타내어
그 중생들로 하여금 다 조복케 하니라.

여래의 열 가지 힘과 두려움 없음과
열여덟 가지의 함께하지 않는 법과
있는 바 한량없는 모든 공덕을
다 나타내 보여서 중생들을 제도하니라.

기 심 교 계 급 신 족
記心教誡及神足이

실 시 여 래 자 재 용
悉是如來自在用이라

피 제 대 사 개 시 현
彼諸大士皆示現하야

능 사 중 생 진 조 복
能使衆生盡調伏이니라

보 살 종 종 방 편 문
菩薩種種方便門으로

수 순 세 법 도 중 생
隨順世法度衆生이

비 여 연 화 불 착 수
譬如蓮華不著水니

여 시 재 세 영 심 신
如是在世令深信이니라

아 사 연 재 문 중 왕
雅思淵才文中王이요

가 무 담 설 중 소 흔
歌舞談說衆所欣이라

일 체 세 간 중 기 술
一切世間衆技術을

비 여 환 사 무 불 현
譬如幻師無不現이니라

기억하는 마음과 가르침과 경책과 신족통이
모두 여래의 자재한 작용이라
그 모든 대사들이 다 나타내 보여서
능히 중생들로 하여금 다 조복케 하니라.

보살이 갖가지 방편문으로
세상 법을 수순하여 중생들을 제도함이
비유하면 연꽃에 물이 묻지 않듯이
이와 같이 세상에 있으면서 깊이 믿게 하니라.

고상한 생각과 깊은 재주는 문필 가운데 왕이고
노래와 춤과 이야기는 대중들이 기뻐하는 바라
일체 세간의 온갖 기술을
마치 마술사처럼 나타내지 못함이 없도다.

혹 위 장 자 읍 중 주
或爲長者邑中主하고

혹 위 가 객 상 인 도
或爲賈客商人導하며

혹 위 국 왕 급 대 신
或爲國王及大臣하고

혹 작 양 의 선 중 론
或作良醫善衆論이니라

혹 어 광 야 작 대 수
或於曠野作大樹하고

혹 위 양 약 중 보 장
或爲良藥衆寶藏하며

혹 작 보 주 수 소 구
或作寶珠隨所求하고

혹 이 정 도 시 중 생
或以正道示衆生이니라

약 견 세 계 시 성 립
若見世界始成立에

중 생 미 유 자 신 구
衆生未有資身具어든

시 시 보 살 위 공 장
是時菩薩爲工匠하야

위 지 시 현 종 종 업
爲之示現種種業이니라

혹은 장자와 도읍 안의 주인이 되고

혹은 가객과 상인의 인도자가 되며

혹은 국왕과 대신이 되고

혹은 좋은 의원과 온갖 말을 잘하는 이도 되니라.

혹은 광야에서 큰 나무가 되고

혹은 좋은 약과 온갖 보배창고가 되며

혹은 보배구슬이 되어 구하는 바를 따르고

혹은 바른 도로써 중생들에게 보이니라.

만약 세계가 처음 이루어질 때

중생에게 살림도구가 없음을 보면

이때에 보살이 공장이 되어서

그를 위하여 갖가지 업을 나타내 보이니라.

부작핍뇌중생물
不作逼惱衆生物하고

단설이익세간사
但說利益世間事호대

주술약초등중론
呪術藥草等衆論의

여시소유개능설
如是所有皆能說이니라

일체선인수승행
一切仙人殊勝行을

인천등류동신앙
人天等類同信仰이어든

여시난행고행법
如是難行苦行法을

보살수응실능작
菩薩隨應悉能作이니라

혹작외도출가인
或作外道出家人하고

혹재산림자근고
或在山林自勤苦하며

혹로형체무의복
或露形體無衣服하야

이어피중작사장
而於彼衆作師長이니라

중생들을 핍박하여 뇌롭히는 물건을 만들지 아니하고
단지 세간을 이익하게 하는 일만 말하되
주술과 약초 등과 온갖 언론의
이와 같은 있는 것을 모두 능히 말하니라.

일체 선인의 수승한 행을
사람과 천신 등의 부류가 함께 신앙하는데
이와 같은 난행과 고행의 법을
보살이 마땅함을 따라 다 능히 짓도다.

혹은 외도에 출가하는 사람이 되고
혹은 산림에서 스스로 부지런히 고행을 하며
혹은 의복이 없이 형체를 드러내어
저 대중들에게 스승이 되니라.

혹현사명종종행
或現邪命種種行하야

습행비법이위승
習行非法以爲勝하며

혹현범지제위의
或現梵志諸威儀하야

어피중중위상수
於彼衆中爲上首니라

혹수오열수일전
或受五熱隨日轉하고

혹지우구급녹계
或持牛狗及鹿戒하며

혹착괴의봉사화
或著壞衣奉事火하야

위화시등작도사
爲化是等作導師니라

혹유시알제천묘
或有示謁諸天廟하고

혹부시입항하수
或復示入恒河水하며

식근과등실시행
食根果等悉示行호대

어피상사기승법
於彼常思己勝法이니라

혹은 삿된 목숨의 갖가지 행을 나타내며
비법을 익혀 행하여 수승함을 삼고
혹은 범지의 모든 위의를 나타내어
저 대중 가운데서 상수가 되니라.

혹은 다섯 열을 받아서 해를 따라 구르고
혹은 소와 개와 사슴의 계를 지니며
혹은 떨어진 옷을 입고 불을 받들어 섬겨서
이러한 이들을 교화하기 위해 도사가 되니라.

혹은 모든 천신을 모신 사당에 배알함을 보이고
혹은 다시 항하수에 들어감을 보이며
뿌리와 과일 등을 먹는 것을 다 행하여 보이되
거기서 늘 자기의 수승한 법을 생각하니라.

혹현준거혹교족
或現蹲踞或翹足하고

혹와초극급회상
或臥草棘及灰上하며

혹부와저구출리
或復臥杵求出離하야

이어피중작사수
而於彼衆作師首니라

여시등류제외도
如是等類諸外道에

관기의해여동사
觀其意解與同事하야

소시고행세미감
所示苦行世靡堪을

영피견이개조복
令彼見已皆調伏이니라

중생미혹품사교
衆生迷惑稟邪敎하야

주어악견수중고
住於惡見受衆苦어든

위기방편설묘법
爲其方便說妙法하야

실령득해진실제
悉令得解眞實諦호대

혹은 걸터앉음을 나타내고 혹은 발을 들고
혹은 가시덤불과 재 위에 누우며
혹은 다시 절구공이에 누워 벗어남을 구하며
그 대중에서 우두머리가 되기도 하니라.

이와 같은 종류의 모든 외도들에게
그 뜻을 관찰하고 더불어 일을 함께 하여
보인 바 고행을 세상에선 견디지 못함을
그들로 하여금 보고서 다 조복케 하니라.

중생들이 미혹하여 삿된 가르침을 받아서
악견에 머물러 온갖 고통을 받으니
그들을 위하여 방편으로 묘한 법을 설하여
다 하여금 진실한 진리를 알 수 있게 하니라.

혹 변 주 어 설 사 제
或邊呪語說四諦하고

혹 선 밀 어 설 사 제
或善密語說四諦하며

혹 인 직 어 설 사 제
或人直語說四諦하고

혹 천 밀 어 설 사 제
或天密語說四諦하며

분 별 문 자 설 사 제
分別文字說四諦하고

결 정 의 리 설 사 제
決定義理說四諦하며

선 파 어 타 설 사 제
善破於他說四諦하고

비 외 소 동 설 사 제
非外所動說四諦하며

혹 팔 부 어 설 사 제
或八部語說四諦하고

혹 일 체 어 설 사 제
或一切語說四諦하야

수 피 소 해 어 언 음
隨彼所解語言音하야

위 설 사 제 영 해 탈
爲說四諦令解脫이니라

혹은 변방의 주문으로 사제를 설하고
혹은 좋은 비밀한 말로 사제를 설하며
혹은 사람들의 보통 쓰는 말로 사제를 설하고
혹은 하늘의 비밀한 말로 사제를 설하니라.

분별하는 문자로 사제를 설하고
분명한 이치로 사제를 설하며
다른 이를 잘 깨뜨리는 것으로 사제를 설하고
외도에 흔들리지 않는 것으로 사제를 설하니라.

혹은 팔부의 말로 사제를 설하고
혹은 일체의 말로 사제를 설하며
그들이 아는 말과 소리를 따라서
사제를 설하여 하여금 해탈케 하느니라.

소유일체제불법
所有一切諸佛法을

개여시설무부진
皆如是說無不盡하야

지어경계부사의
知語境界不思議니

시명설법삼매력
是名說法三昧力이니라

〈大方廣佛華嚴經 卷第十四〉

있는 바 일체 모든 부처님의 법을

모두 이와 같이 설하여 다하지 못함이 없어

말의 경계가 부사의함을 아니

이 이름이 설법삼매의 힘이니라.

〈대방광불화엄경 제14권〉

大方廣佛華嚴經 ── 부록

·

대방광불화엄경 목차

·

간행사

대방광불화엄경
목차

간 행 사

귀의삼보 하옵고,

『대방광불화엄경』의 수지 독송과 유통을 발원하면서 수미정사 불전연구원에서 『독송본 한문·한글역 대방광불화엄경』과 『사경본 한글역 대방광불화엄경』을 편찬하여 간행하게 되었습니다.

『화엄경』은 우리나라에 전래된 이래 일찍부터 사경되고 주석·강설되어 왔으며 근현대에 이르러서는 『화엄경』의 한글 번역과 연구도 부쩍 많이 이루어졌습니다. 그만큼 『화엄경』이 우리 불자님들의 신행과 해탈에 큰 의지처가 되었던 것임을 알 수 있습니다.

『화엄경』을 독송하고 사경하는 공덕은 설법 공덕과 함께 크게 강조되어 왔습니다. 그리하여 수미정사 불전연구원에서도 『화엄경』(80권)을 독송하고 사경하는 데 도움이 되도록 한문 원문과 한글역을 함께 수록한 독송본과 한글역의 사경본 『화엄경』 간행불사를 발원하였습니다. 이 『화엄경』 간행불사에 뜻을 같이하여 적극 후원해주신 스님들과 재가 불자님들께 깊이 감사드립니다. 또한 『화엄경』을 수지 독송할 수 있도록 경책의 모습으로 장엄해 주신 편집위원들과 담앤북스 출판사 관계자들께도 고마움을 표합니다.

끝으로 이 불사의 원만 회향으로 『화엄경』이 널리 유통되고, 온 법계에 부처님의 가피가 충만하시길 기원드립니다.

나무 대방광불화엄경

불기 2564년 '부처님오신날'을 봉축하며
수미해주 합장

위태천신(동진보살)

수미해주 須彌海住

동국대학교 명예교수
중앙승가대학교 법인이사
대한불교조계종 수미정사 주지

독송본 한문·한글역
대방광불화엄경 제14권

| **초판 1쇄 발행_** 2021년 5월 24일

| **엮은이_** 수미해주
| **엮은곳_** 수미정사 불전연구원
| **편집위원_** 해주 수정 경진 선초 정천 석도 박보람 최원섭
| **편집보_** 무이 무진 김지예

| **펴낸이_** 오세룡
| **펴낸곳_** 담앤북스
　　　　서울특별시 종로구 새문안로3길 23 경희궁의 아침 4단지 805호
　　　　대표전화 02)765-1251　전자우편 damnbooks@hanmail.net
　　　　출판등록 제300-2011-115호
| **ISBN_** 979-11-6201-294-9　04220

이 책은 저작권 법에 따라 보호받는 저작물이므로 무단전재와 복제를 금합니다.
이 책 내용의 전부 또는 일부를 이용하려면 반드시 저작권자와 담앤북스의 서면 동의를 받아야 합니다.

정가 15,000원
ⓒ 수미해주 2021